# Musik

Musik, das ist
das Knarren himmlischer Türen,
sagte Djalal'uddin.

Ich habe das Knarren von Türen
nicht gern, sagte
ein frecher Narr.

Ich höre die Türen,
Sie öffnen sich, sagte Djalal'uddin;
Aber, wie die Türen sich schließen,
Das vernimmst Du.

Djalal'uddin Rûmi

Fernando Salazar Bañol

# DIE OKKULTE SEITE DES ROCK

2., überarbeitete und erweiterte
Auflage 1993
F. Hirthammer Verlag

Titel der
spanischen Ausgabe: LA CARA OCULTA DEL ROCK

Verlag der
spanischen Ausgabe: EDITORIAL ALCIONE

Übersetzung: MARIA-PILAR HERLT und
DR. KONRAD DIETZFELBINGER

Durchsicht
der zweiten Auflage: HERBERT SÜSSMEIER und
PAUL VIERKE

Umschlag
und Titelseite: KLAUS WAGNER

Umschlagfoto: Die jungen Engländer haben sich voll auf die neue makabre Hemdenmode gestürzt, ohne die okkulte symbolische Bedeutung zu erfassen. Links: Beilhieb ins Herz. Mitte: Ich esse Katze. Rechts: Vision blutiger Terror.
Die netten jungen Leute merken ebensowenig wie die meisten Eltern, Pädagogen und in der Musikszene Mitwirkenden, welch willenlose und manipulierbare Masse sie in den Händen derer sind, die im Buch mit SIE bezeichnet werden.

ISBN 3-88721-063-8

2. Auflage 1993

© F. Hirthammer Verlag GmbH
   Frankfurter Ring 247, D-80807 München

# Inhaltsübersicht

„Der Rock ist mehr als nur ein musikalischer Stil."

ALICE COOPER

# DANKSAGUNG

an Beatriz de Ferraté, Mónica Lombardi, Guillermo Agüero Paredez, Alex Ferraté, Ana Maria Vizcardo, Pablo Alemani, Gara Cavallé, Guillermo Cazenave und an die vielen anderen Personen, welche mir geholfen haben, aus diesem Buch eine Wirklichkeit zu machen.

# VORWORT ZUR ERSTEN AUFLAGE

Es ist von jedem Gesichtspunkt aus beunruhigend, das Fehlen einer ernsthaften Untersuchung auf allen Bereichen – dem psychologischen, dem medizinischen, dem musikalischen, dem soziologischen, dem religiösen etc. – über eines der wichtigsten Phänomene der letzten Zeit, mit dem wir leben, besser gesagt, das wir alle ertragen, feststellen zu müssen. Wir sprechen von der Rockmusik.

Was verbirgt sich hinter der Rockmusik? Wie wirkt sie sich in der Psyche des Empfängers aus? Wohin treibt sie insbesondere die leichtgläubige Jugend, die auf diese Musik baut, als wäre sie eine Religion?

Sicher haben wir niemals über die hypnotische Macht unserer „geliebten" Rockmusik nachgedacht. Es würde uns daher nicht überraschen, wenn Sie, verehrter Leser, die unumstößlichen Beweise in diesem Buch zurückweisen würden, die von Rockmusikern geliefert wurden, die selbst satanischen Bewegungen angehören.

Es erstaunt nicht, daß sich arglistig versteckte Interessen hinter dem verbergen, was harmlos zu sein vorgibt und sogar als eine befreiende Kunst- und Kulturbewegung erscheint. Folgenschwere negative Einflüsse werden bewußt auf naive Musikliebhaber ausgeübt: unsere Kinder, Freunde und schließlich wir selbst geraten durch eine Gehirnwäsche in den Zustand einer Entpersönlichung.

Aufgrund unserer noch bestehenden Unbewußtheit glauben wir, daß ein jeder – vermeintlich – frei ist, zu tun, was ihm gefällt; also könne man Rockmusik hören. So weit, so gut. Aber vergessen wir nicht, daß der Mensch, um frei zu sein und wählen zu können, ein gründliches Wissen darüber braucht, *was* er auswählt!

Wir finden hier ein Buch, das eine Informationslücke füllt, was den Ge- und Mißbrauch der Rockmusik betrifft.

Auf objektive Art und solide Beweisführung und durch eine klare und zusammenfassende Darstellungsweise analysiert der Forscher und Lehrer für Musiktherapie Fernando Salazar Bañol mit großer Sorgfalt die erschreckende Realität der okkulten Seite des Rock.

Von daher ist dieses Werk eine sehr bedeutsame Information für Psychologen, Pädagogen, Lehrer, Eltern und vor allem für die am meisten Betroffenen: die Jugend.

Der Autor will in diesem Buch, ohne Absicht einer Überredung, die Ergebnisse seiner Forschung bekanntgeben und es Dir, geschätzter Leser, somit freistellen, später nach Deinem Gewissen zu handeln.

Die Herausgeber

Nicht selten gehören Rockkomponisten und Rockinterpre-
ten irgendwelchen Teufelssekten an.

# VORWORT ZUR ZWEITEN AUFLAGE

Seit dem Ende der 70er Jahre – damals begann der Musiktherapeut, Anthropologe und Schriftsteller F. Salazar mit seinen Forschungen im Bereich der Biomusik und ihrer Anwendungen – haben sich einschneidende neue Entwicklungen ergeben. Sie sind die Ergebnisse von Entdeckungen, die neue Standards in der New Age-Bewegung des Westens gesetzt haben.

Eines dieser bedeutsamen Ergebnisse, auf das ich in diesem Vorwort eingehen will, ist der Einfluß bestimmter Stile der zeitgenössischen Musik – nicht nur auf die Hörgewohnheiten der ahnungslosen Jugendlichen, Halbwüchsigen oder Erwachsenen, sondern auch auf ihren Verstand und sogar ihr Bewußtsein. Sie wissen wenig oder überhaupt nichts darüber, was sich hinter gewissen Tendenzen dieser Musik, die scheinbar so harmlos, ja befreiend ist, verbirgt.

Als Salazar 1985 in Spanien ankam mit einem Koffer voller Kenntnisse und Erfahrungen, die er in vielen Jahren unermüdlicher Arbeit in Ländern wie Brasilien und Argentinien gesammelt hatte, schien das iberische Land nach einer Periode kultureller Lethargie endlich aufzuwachen. Die Leute interessierten sich für alles Neue und Moderne. Davon profitierte auch die erste spanische Auflage der „Okkulten Seite des Rock". Das Buch zog sehr rasch wie ein Magnet die allgemeine Aufmerksamkeit des Publikums auf sich, aber auch der Presse, der Musiker aller Stile, mystischer Gruppen, Jünger der Esoterik, Liebhaber der klassischen Musik und der Rockmusik. Salazar erreichte den Höhepunkt seiner Karriere mit spektakulären Auftritten im Radio, Fernsehen und mit einer Tournee, die ihn kreuz und quer durch die iberische Halbinsel führte.

Aber bald erschienen auch Stellungnahmen von Gegnern. Sie imitierten diesen Pionier der Musiktherapie durch Artikel in Zeitschriften und durch Bücher oder kämpften gegen sein Werk und stempelten es als opportunistisch, sensationslüstern und ungenau ab.

Auf jeden Fall blieb „Die okkulte Seite des Rock" nirgendwo unbeachtet. Es gelang dem Buch, das Gewissen sehr vieler Menschen aufzurütteln. Die erste Auflage war rasch vergriffen. Als Musiker des sog. New Age, der die Ehre und das Vergnügen hatte, mit Fernando Salazar gemeinsam audiovisuelle Darbietungen zu geben und Schriftstücke zu verfassen, möchte ich betonen, daß billige Vorwürfe und Polemik an seine Verdienste bei weitem nicht heranreichen. Man muß sich nur einmal klarmachen, was für einen dornenreichen Weg voller Ärger und unangenehmen Entdekkungen dieser Pionier der Biomusik gehen mußte, um dann nach ermüdenden Forschungen und Beweiserhebungen durch das Anhören immer neuer Tonbänder zu Ergebnissen zu kommen, die doch nicht immer befriedigend waren.

Heute, nach sieben sehr erfüllten Jahren, in denen das „New Age" aufgehört hat, eine alternative Bewegung zu sein, und sich in einen realen und gangbaren Lebensweg umgewandelt hat, sehen wir, daß dieses Buch keineswegs seine Gestaltung verloren hat. Es ist im Gegenteil noch wichtiger geworden, da das große Publikum Gelegenheit hatte, seinen Inhalt an der Realität zu prüfen.

Schließlich möchte ich noch sagen, daß sich Salazar weder einer messianischen Bewegung mit unergründlichen Zielen verschrieben hat, noch daß er die ganze Bewegung der „Rockmusik" auf diesen Seiten angreift. Er greift nur bestimmte Musiker mit bestimmten Tendenzen an, die nichts mit den Grundprinzipien einer Musik zu tun haben, welche versucht hat, positiv die falschen Fundamente unserer heuchlerischen Gesellschaft zu zerstören.

„Die okkulte Seite des Rock" ist ein wahrer Balsam für Rockmusikfans und Nichtrockmusikfans; ein multifunktionales Buch, das als Dokumentation noch lange seine Gültigkeit behalten und immer wieder konsultiert werden wird. Es wird auch andere Forscher anregen, weiter die Unterwelt der geisteskranken und destruktiven Musik zu erforschen.

Guillermo Cazenave (Komponist, Multiinstrumentalist und Schriftsteller, Pionier der „New-Age"-Musik in Spanien)

Barcelona, den 7. Februar 1993

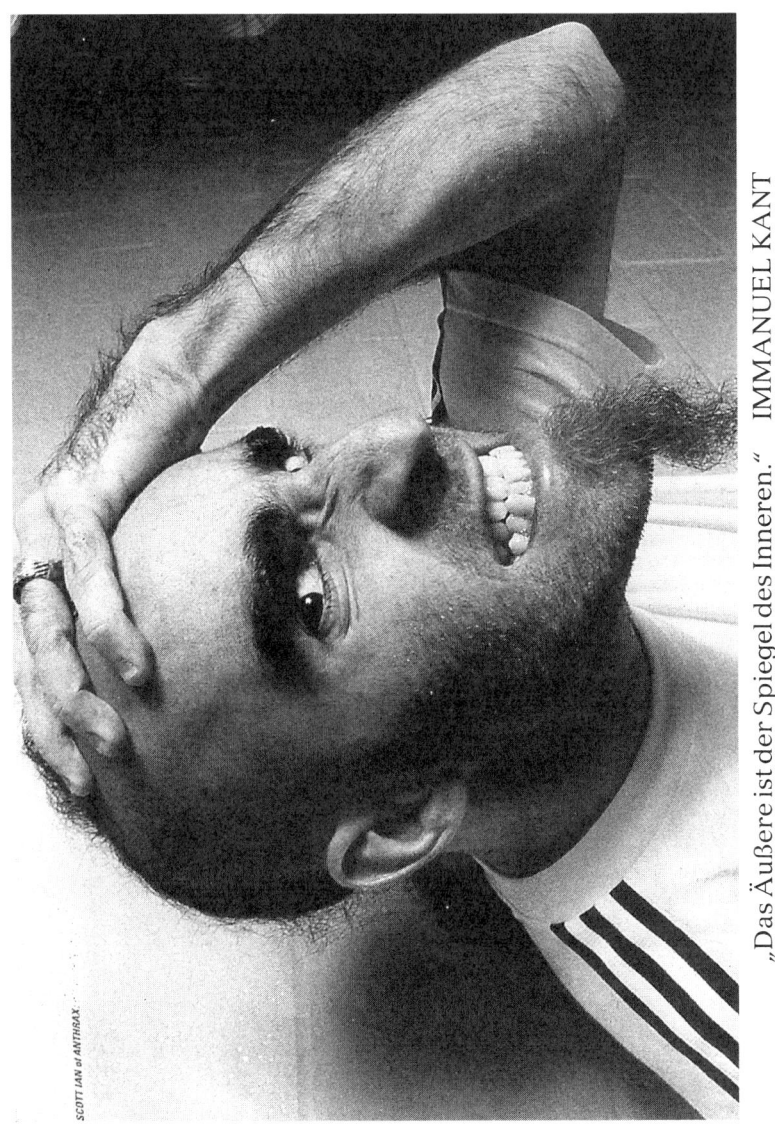

SCOTT IAN of ANTHRAX

„Das Äußere ist der Spiegel des Inneren." IMMANUEL KANT

16

# EINLEITUNG

Die vorliegende Studie ist das Ergebnis einer Gesamt-schau vielfältiger Forschungen, die ich aufgrund meiner beruflichen Aufgabe in verschiedenen Ländern betrieben habe.

Als erstes möchte ich den Leser darauf hinweisen, daß der Autor dieses Buches nicht eine engstirnige oder konservative Person ist; denn ich war selbst ein fanatischer Anhänger des Rock. Zum Beispiel gehörte zu meinen liebsten Themen „Sympathien für den Teufel" der *Rolling Stones* – die Geschichte eines jungen Mannes, der seine Seele dem Teufel verkauft für ein paar Pfennige.

Ich hatte sogar meine eigene Rockgruppe, in der ich als Schlagzeuger spielte; ihr Name war *„The Speakers"*. Wir spielten Musik in verschiedenen Diskotheken und Tanzlokalen. Ebenso organisierte ich verschiedene Rockfestivals, in denen ich mehrere tausend junger Leute zu gewaltigen Massenveranstaltungen versammelte.

Durch die Rockmusik inspiriert, trafen wir uns mit unseren Freunden um ein Gefäß, das Alkohol und Salz enthielt. Wir zündeten es an, und durch die grünliche Farbe der Flamme und gemäß dem Rhythmus der Musik nahmen unsere Gesichter monströse Formen an, ähnlich denen im berühmten modernen Video-Clip „Thriller" von *Michael Jackson*.

Aufgrund der vorangegangenen Hinweise kann ich sagen, daß ich ein solides Fundament besitze, um eine derartige Untersuchung der Öffentlichkeit vorzulegen. Ich will keine Dogmen setzen. Mein Ziel ist es, daß die Leser die Informationen analysieren und darüber nachdenken, bevor sie sie annehmen oder zurückweisen.

Ich beabsichtige, verschiedene Aspekte aufzuzeigen, damit sich ein jeder sein eigenes Urteil über dieses Thema bilden kann, das ich hier in mehreren Kapiteln behandeln werde. Später will ich ein Buch schreiben, in dem ich mich eingehender damit beschäftige.

Ich beginne, indem ich folgende Fragen aufwerfe:
- Wer verbirgt sich hinter der okkulten Seite des Rock?
- Welche gewaltigen finanziellen Kräfte agieren unter seiner Oberfläche?
- Welche okkulten und unheilvollen Ziele werden mit ihm verfolgt?
- Welche Absicht wird verfolgt, wenn man die absolute geistige Kontrolle über die Jugend anstrebt?
- Sind die Jugendlichen nichts anderes als Marionetten, deren Drähte jemand im Verborgenen zieht?
- Ist die Jugend einem okkulten Willen unterworfen, dessen eigentliche Akteure sich überall und nirgends befinden und der sein Werk auf dem Rücken der Masse von Rockanhängern ausführt und so die wahren Entscheidungen für ihre Zukunft trifft?
- Herrscht vielleicht in der Geschichte des Rock nicht der Zufall, sondern ein Clan, den wir in einem Kapitel SIE nennen und der nach seiner Willkür das Schicksal unserer Jugend lenkt?

- Sind SIE die Schöpfer des vergangenen, gegenwärtigen und zukünftigen Rock 'n' Roll?

Die traurige Wirklichkeit ist, daß hinter der okkulten Seite des Rock nicht der Zufall steht, sondern eine Erscheinung mit Bewußtsein und Absicht.

Das beste Beispiel haben wir in *Gene Simmons,* Baßgitarrist und Sänger der Gruppe *Kiss,* der innerhalb seiner Gruppe eine diabolische, vampirhafte und groteske Erscheinung darstellt. Der Grund dafür ist, daß Gene seit seiner Jugend von Horrorfilmen wie auch von bestimmten Zeitschriften beeinflußt wurde, deren Hauptinhalte Monster und Vampire sind.

Immanuel Kant sagte: „Das Äußere ist der Spiegel des Inneren." Deshalb ist es nicht verwunderlich, daß Gene jene Gesichtszüge trägt, die man in den USA „Batlizard" nennt. Sehen wir uns noch die Filme an, die ihn unterschwellig beeinflußt haben: Frankenstein, Nosferatu, Bridge of Frankenstein . . .

Und damit lade ich Sie, verehrte Leser, ein, sich ganz auf eine Welt einzustellen, in der das Unglaubliche Wirklichkeit wird.

*Der Autor*

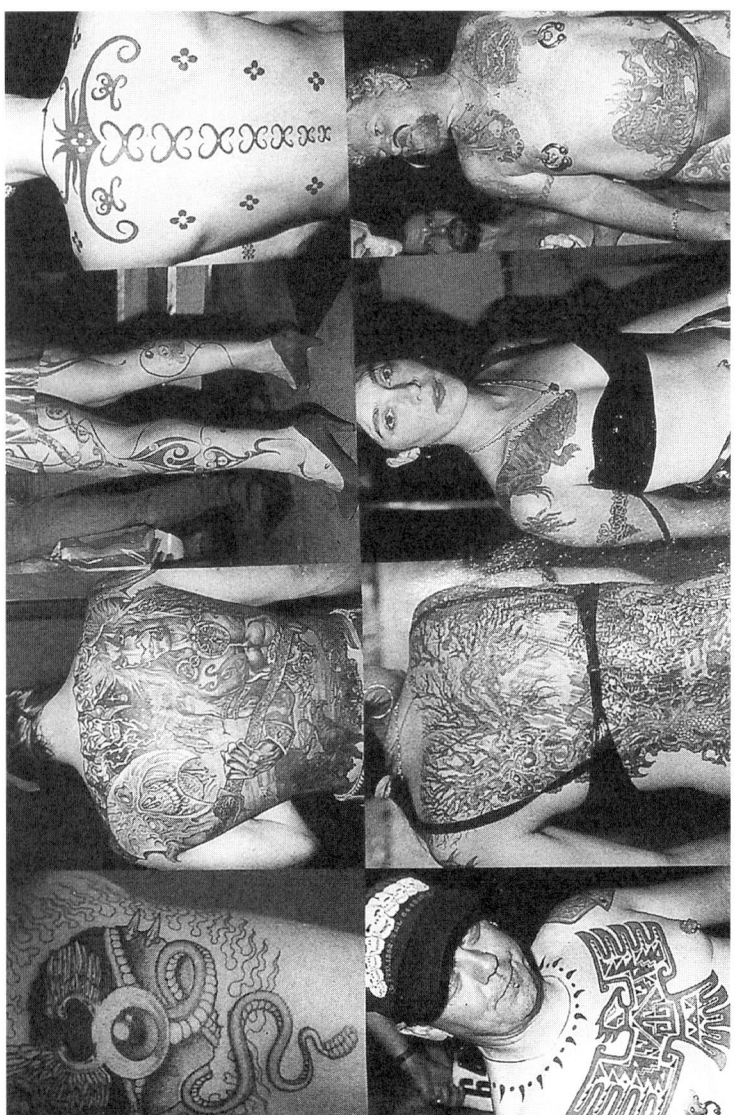

Wie beeinflußt der Rock die Psyche eines empfindsamen Hörers?

20

# 1. VERSCHIEDENE ARTEN VON MUSIK UND IHR EINFLUSS

Die Tatsache, daß sich das Universum und alles, was existiert, auf das Wort, auf Schwingungen zurückführen lassen, verwundert uns nicht. Ebensowenig ist uns neu, daß sich die verschiedenen Oktaven dieser Schwingung als Farbe, Klang, Licht und Wärme manifestieren – die für unsere Sinne so vertrauten Eindrücke.

In diesem Kapitel wollen wir uns auf die Manifestation „Klang" konzentrieren, jedoch in seiner strukturierten Form als Musik, genauer: als moderne Musik.

Die Macht der Musik über unsere Psyche ist eine Erfahrung, die wir alle bestätigen können. Die Musik kann unseren Schwingungszustand verändern, indem sie auf unsere Gedenken, Gefühle und Handlungen einwirkt. Was ist der Grund dafür, daß die Musik, die so unentbehrlich in unserem Leben geworden ist, eine so große Macht über uns Menschen hat?

Die Antwort finden wir in dem alten Satz: „Im Anfang war das WORT . . ." Tatsächlich ist es das WORT, welches die Schöpfung erhält. Es ist der Anfang von allem, was exisiert. Das WORT ist gleichzeitig Schöpfer und Zerstörer, je nachdem, ob es dem göttlichen Plan dienlich oder schädlich ist. Wenn das WORT aufhören würde zu erschallen, würde sich die Schöpfung in nichts auflösen.

Das ist der Hintergrund der Machtworte oder Mantrams, und die Musik als eine Ausdrucksform des WORTES hat teil an dessen schaffender, erneuernder oder zerstörender Natur.

Das erklärt uns, warum nicht jede Musik die gleichen Eigenschaften haben kann; deswegen und aufgrund ihrer Schwingungsqualität wollen wir sie wie folgt einteilen:

a) *Musik für das Bewußtsein*
b) *körperorientierte Musik*
c) *Musik der Persönlichkeit*
d) *Musik des Ego (des niederen Ich)*

Die „Musik für das Bewußtsein" finden wir unter den bekannten Klassikern, deren größter Vertreter vielleicht *Beethoven* ist. Es scheint einige Ausnahmen zu geben wie im Fall der Musik von *Paganini*.

Diese Musik zu hören heißt, sich mit einem Aspekt des Göttlichen durch unser Höheres Gefühlszentrum in Einklang zu bringen.

Die „körperorientierte Musik" treffen wir in bestimmten, hauptsächlich östlichen Werken an wie denen der ZEN-Musik, deren Ziel es ist, den Körper zu entspannen, damit im Zustand der Ruhe das Buddhabewußtsein aufblühen kann. Diese Musik kann eine wertvolle Hilfe für die Vorbereitung zur Meditation sein.

Das trifft aber nicht zu auf die klassische Epoche der körperorientierten Musik in Europa, auf die Epoche des Walzers, in der die Musik und der Tanz eher ein heilsames, natürliches und ein dem menschlichen Wesen entsprechendes Vergnügen waren.

Die „Musik der Persönlichkeit" entdecken wir bei den Gesellschaftstänzen, den Balladen, Paso doble etc. Im Prinzip ist diese Musik harmlos; aber wenn wir bedenken, daß verschiedene Typen von Persönlichkeiten existieren, bemerken wir, daß diese Musik bei dem jetzigen, degenerierten Zustand der Menschheit fast immer egoistische Reaktionen nach sich zieht.

Schließlich haben wir die „Musik des Ego" (des niederen Ich), deren Komplexität und Gefährlichkeit für unsere Psyche einen eigenen Teil in unserer Betrachtung erfordert; denn auch sie macht einen Teil der modernen Musik aus.

Wir wissen, daß uns die klassische Musik gut in innere Harmonie bringt und daß wir auch die „Musik der Persönlichkeit" hören und sogar interpretieren können, wenn wir sie richtig verstehen. Aber haben wir jemals über die „Musik des Ego" nachgedacht? Wissen wir, wie sie uns psychologisch vergiftet? Welche sind ihre Mechanismen, und wie beeinflußt sie unser Leben?

## Die moderne Musik

Unsere Zeit ist von einem noch nie dagewesenen Phänomen begleitet: eine Vielzahl junger Menschen lebt und stirbt für die moderne Musik. Ständig sieht man sie auf der Straße mit einem Kassettenrecorder, aus dem schrille Musik tönt, nach deren Rhythmus sie sich bewegen; oder sie benützen Kopfhörer, die sie beim Essen, Autofahren, Spielen, Spazierengehen oder Schlafen wie an ihre Ohren angenäht tragen. Sie warten mit Spannung auf das Wochenende, um Stunde auf Stunde in überfüllten Diskotheken zu verbringen. Sie gehen in Gruppen, angezogen auf eine gewisse, sehr unkonventionelle Art, und zeigen eine Gruppenpsychologie, deren hauptsächliches Merkmal der Verlust des individuellen Bewußtseins ist.

Wir können sagen, daß sie sich aufgrund ihrer ichbezogenen Wesensart gegenseitig anziehen und daß sich ihre Persönlichkeiten im Ausdruck einander angleichen: dieselben Gesten, die gleichen extravaganten Vorlieben, dieselben Ausdrücke etc.

Alle, absolut alle verschiedenen Gruppen dieser Art haben dieselbe Musik als gemeinsamen Nenner.

Es scheint, als hätte sich ein Musikfieber oder, schlimmer noch, eine -epidemie ausgebreitet, die sich des schwachen Willens der verwirrten Jugend bemächtigt.

Konkret können wir feststellen, daß die moderne Musik negative psychische Regungen nährt, verstärkt und fördert (hauptsächlich Aufbegehren und Hemmungslosigkeit) und in unserem Inneren bestimmte Atome des geheimen Feindes aktiviert.

## Der Mechanismus

Praktisch ist die gesamte moderne Musik involutiv, komponiert vom niederen und für das niedere Ich. Diese niederen Schwingungen dringen in das Zentrum des menschlichen Organismus in dem Moment ein, in dem er sich nicht im Gleichgewicht befindet. Wenn seine Zentren noch gut zusammenarbeiten, versucht diese Musik das schwächste auf ihr eigenes niederes Niveau herabzuziehen und so aus dem Gleichgewicht zu bringen. Ist sie dadurch einmal in den Menschen eingedrungen, ruft sie ein Schein-Ego hervor und stimmt es ganz auf sich ein.

Sicherlich haben wir uns schon einmal dabei ertappt, wie wir einen Fuß oder eine Hand zum Rhythmus einer Musik bewegten, die wir noch nicht bewußt wahrgenommen hatten, die aber bereits in uns eingedrungen war und, wer weiß, sogar gewisse Gedanken, Gefühle etc. hervorgerufen hatte.

Es gibt eine bestimmte Musik, deren spezielle Wirkung es ist, ein bestimmtes Zentrum des Organismus aus dem Gleichgewicht zu bringen, wie es auch Instrumente gibt, die jeweils auf einen bestimmten Teil des menschlichen Körpers einwirken.

Durch diese involutive Musik gerät das Individuum Stück um Stück, ohne es wahrzunehmen, in immer niedrigere psychische Schwingungszustände, die ihrerseits nach noch degenerierterer Musik verlangen und darüber hinaus dazu führen, daß die klassische Musik unerträglich wird.

Darauf aufbauend können wir innerhalb der modernen Musik vier verschiedene Arten gemäß ihrer Involutionsstufe unterscheiden:

1. *Musik des Schein-Ich*
2. *Musik des Abgrundes*
3. *Musik der Reiche von Lilith und Nahemah*
4. *satanische Musik*

Die *„Musik des Schein-Ich"* oder subjektive Musik schwingt, weil sie einem der Schein-Ichs im Menschen entspricht, unvermeidlich in einem von Dantes Kreisen der Hölle, ohne jedoch dabei der eigentlichen Hölle anzugehören. Zu dieser Art zählen die „Salsas", die afrokubanischen Rhythmen, Lieder von patriotischem Stolz, Gesänge über Ehebruch und Rache etc.

Die *„Musik des Abgrundes"* ist jene, die besonders in Verbindung mit den höllischen Welten und in Opposition zur Musik der himmlischen Sphären steht.

Die *„Musik der Reiche von Lilith und Nahemah"* ist charakterisiert durch ihr einschmeichelndes und verführerisches Wesen, nicht durch Hämmern und zerreißenden Lärm. Diese Musik erzeugt subtilste Tendenzen zur Wollust, die durch Phantasie und den Gebrauch gewisser Drogen noch gefördert werden.

Möglicherweise steht sie in Verbindung mit der dunklen Seite unseres Mondes in der Psychologie. Beispiele sind einige Stücke von *Pink Floyd, Kiss* etc.

26

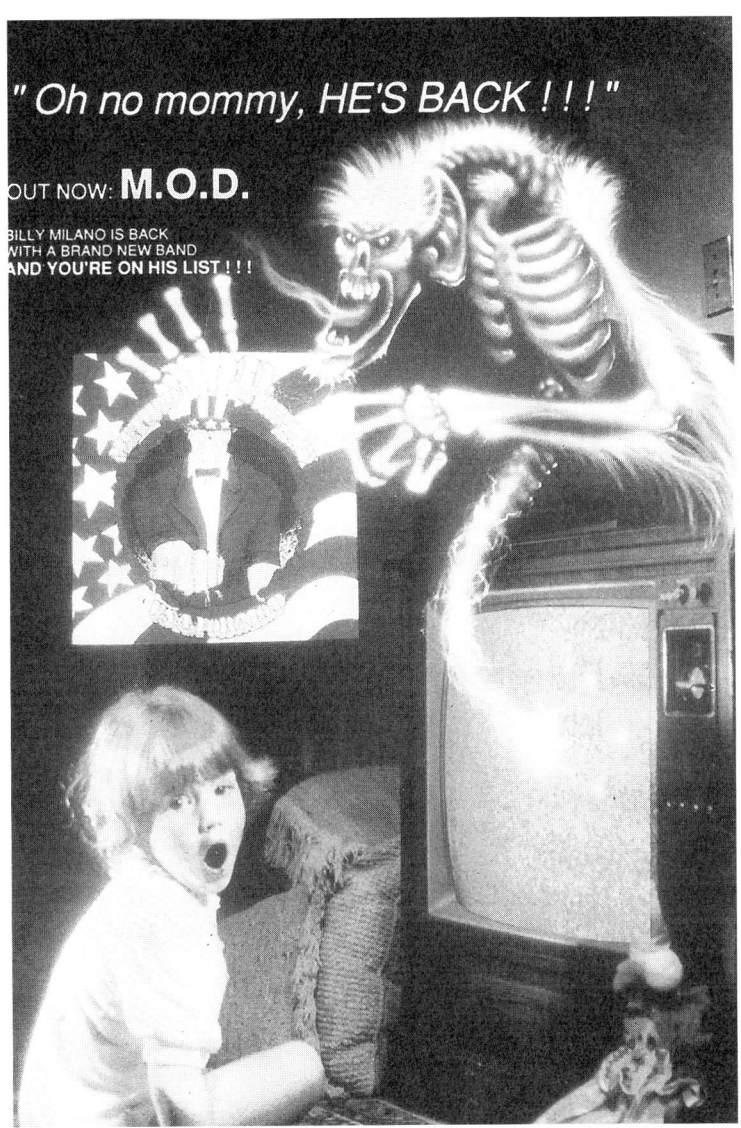

Welche okkulten und verbrecherischen Ziele verfolgt man mit dem Rock?

Die „satanische Musik" ist die gefährlichste, die existiert. Sie wird mit Bewußtsein um und für das Böse gemacht, wobei es möglich ist, daß sie von Vermittlern niederer Art unbewußt durch einfache Einstimmung weitergegeben wird.

Sie ist das Ergebnis der Anwendung Schwarzer Magie und enthält außer der niederen Schwingung der Töne selbst eine offene oder versteckte Botschaft der Einladung zu zerstörerischen schwarzmagischen Handlungen.

Im allgemeinen sind ihre Komponisten und Interpreten Anhänger satanischer Sekten, die als Symbole u.a. umgedrehte Pentagramme haben und Namen von Dämonen aufweisen. Sie reizen bei ihren Auftritten zu obszönen Praktiken und hypnotisieren mit dieser unheilvollen Macht die Massen, um sie in einen Zustand des totalen Verlusts ihrer Selbstkontrolle zu bringen, der in Hysterie und kollektiven Schreiwahn mündet, wobei das Bewußtsein völlig ausgeschaltet wird.

Diese Musik finden wir bei Hard-Rock-, Heavy-Metal-, Punk- und anderen Gruppen.

Das ist leider erschreckende Realität, die noch im Begriff ist, sich auszuweiten. Es ist jene Musik, auf die wir am meisten achten müssen. Sehen wir uns deshalb die folgende, äußerst interessante Dokumentation an.

## Satanische Botschaften

Der *Priester Paul Crousch,* der in einer englischen Radiostation arbeitet, ist als „Sucher des Teufels" bekannt, und zwar wegen seines Eifers, nach versteckten satanischen Botschaften Ausschau zu halten.

Er hört sich immer wieder verschiedene Themen von Rockgruppen rückwärts an. Er ist nicht mehr überrascht, wenn er Botschaften entdeckt, von denen wir hier einige Beispiele wiedergeben:

In dem Lied *„Another One Bites the Dust"* (Wieder beißt einer ins Gras), geschrieben von *John Deacon* für die Gruppe *QUEEN* hört man – viermal wiederholt – eine unterschwellig wirkende Botschaft: *„Entschließ' dich, Marihuana zu rauchen, es macht Spaß, Marihuana zu rauchen, entschließ dich, Marihuana zu rauchen"* (Start to smoke marihuana).

Im Stück *„Judas Kiss"* von der Gruppe *Petra* ist die Rückwärtsbotschaft: *„What you are looking the devil for, when you are looking for the Lord."*

Auch die Gruppe *VENOM* verwendet eingemischte Rückwärtsbotschaften: *„… ich werde dich ins Reich der Ewigkeit bringen. Ich bin das wahre Tier."* So zu hören bei dem Titel *„Satanachist"* auf der LP *„POSSESSED".*

Auf der Platte *„Leiter zum Himmel"* von *Led Zeppelin* hört man rückwärts gespielt:

*„Ich möchte in das Reich,*
*ich möchte in die Hölle hinabsteigen;*
*westlich der flachen Erde.*
*Ich singe im Einklang mit Satan.*
*Er wird uns die Drei-mal-Sechs*
*(die Zahl der Bestie) geben.*
*Ihr müßt für Satan leben."*

Im Lied *„Congratulations"* von *Pink Floyd:*

*„Jetzt hast du gerade die geheime Botschaft*
*des Teufels entdeckt;*
*verbinde dich mit dem Alten."*

In anderen Gruppen finden wir Sätze wie:

*„Zeige dich, Satan, manifestiere dich*
*in unseren Stimmen.*
*Satan, Satan, Satan ist der Gott,*
*ist der Gott, ist der Gott."*
(Danach ist ein schreckliches Auflachen zu hören.)

Wie wir sehen, werden wir, obwohl wir uns für freie Menschen halten und glauben, tun zu können, was wir wollen, ständig manipuliert; und, da können Sie sicher sein, wir gehorchen solchen Botschaften immer irgendwie, weil sie sehr stark und zu gut gemacht sind.

Die moderne Musik mit all ihren Varianten wird – überflüssig, es zu sagen – vom „Ewigen Nächtlichen Feind" dazu benützt,
erstens jeden möglichen Lichtstrebenden vom Weg abzubringen und

30

zweitens ihn in der Finsternis zu fesseln. Das gilt auch für die Menschheit insgesamt.

Das WORT steht in enger Verbindung mit der Schöpferkraft des Menschen, die die Quelle des materiellen und geistigen Lebens ist. Es kann, wie gesagt, dem göttlichen Plan dienen oder ihm entgegenarbeiten. Die *„Musik des Ego"* (der niederen Persönlichkeit) gehört zu dem zerstörerischen WORT. Sie bewirkt die Degeneration der Menschen, bis sie gewillt sind, in Scharen die höllischen Reiche zu bewohnen.

---

Hinweis des Herausgebers der deutschen Ausgabe

Als die Rückwärtseinspielungen in der Öffentlichkeit bekannt wurden, ließen die Hersteller sie bei weiteren Produktionen teilweise weg. So fand ein Fernsehredakteur von vier in diesem Buch genannten Titeln bei dreien Rückwärtseinspielungen, ein anderer keine einzige.

Sind die Jugendlichen nicht nur Marionetten, deren Fäden
irgendwer im dunkeln zieht?

## 2. EINFLÜSSE DER KOMMUNIKA-TIONSMEDIEN AUF DAS INDIVIDUUM: FORMATION ODER DEFORMATION

Es ist schon viel Zeit vergangen, aber ich bin immer noch nicht müde geworden, weiter Informationen über diese Krankheit zu sammeln, die die Jugend – ihr meist unbewußt – so quält und „Rockmusik" heißt. Im Verlauf der Jahre hat sich vieles geändert, unter anderem, daß es schon altmodisch geworden ist, nur „Botschaften" zu suggerieren. Heute ist das Satanische live anwesend. Das Schlimmste ist, daß die „Mächtigen", welche die Rockmusik manipulieren, sich nicht mehr nur im Bereich der Akustik bewegen, sondern zunehmend auch das Bild zu Hilfe nehmen. Deswegen beziehen sich meine letzten Forschungen darauf, die versteckten Botschaften, die sich hinter jedem Video-Clip verbergen, zu analysieren.

In meinen Untersuchungen habe ich festgestellt, daß bei der Rockmusik die Massenmedien eine ganz bestimmte Rolle spielen. Besonders finde ich es nötig, das Fühlen und Denken von *Monica Lombardi,* Komponistin, Sängerin und Pionierin der ethologischen und ökologischen Musik, dem modernen Publikum nahezubringen.

So wie sich ausdehnende konzentrische Ringe entstehen, wenn man einen Stein ins Wasser wirft, so muß auch die Entwicklung des Menschen von einem Zentrum aus erfolgen: Es ist die FAMILIE. Es ist wichtig, den Menschen in dieser Hinsicht immer wieder ins Gewissen zu reden. Der familiäre Einfluß ist es, der darüber entscheidet, ob im Individuum eine psychische Struktur des Wachstums oder der Selbstzerstörung, des Lebens oder der Vernichtung, der Integration oder der Ausgrenzung entsteht.

Aber durch die Weltkrise, die sich momentan in allen Bereichen vollzieht, bekommt dieser Grundstein des Zusammenlebens Risse und beginnt zu zerfallen. Folglich verringern sich die Schutzkräfte des Individuums und lassen auf unkontrollierbare Weise negative Einflüsse der Gesellschaft durch. Alle Medien müßten gemeinsam darauf hinarbeiten, daß der Mensch wachsen kann und sich zu einer kräftigen, harmonischen und integrierten Persönlichkeit entwickelt, die weiß, was sie will und was ihr Ziel ist. Sie müßten ihn zu selbständigem Urteil erziehen, damit er sich nicht vor dem erstbesten Diktat der Mode, des Konsums oder einer Politik verbeugt, welche der eigenen Wirklichkeit nicht entspricht. Und sie müßten ihm einen Begriff davon geben, daß jede Handlung eine bewußte Äußerung seiner Freiheit sein sollte – wir haben diese Freiheit, weil wir nach Gottes Ebenbild geschaffen sind.

Der Mensch sollte selbst Herr über seine Handlungen sein und sich nicht blind durch andere führen lassen aus Bequemlichkeit oder Ignoranz.

Aber durch den Prozeß der Auflösung der Familie besteht die Gefahr, daß sich der Mensch in seiner Naivität

34

all den sozialen Einflüssen öffnet, die zur Übernahme fremder Verhaltensmuster oder zur Veränderung des Verhaltens führen, ohne daß sein Wille bewußten Anteil daran hat.

Man weiß heute schon, daß der größte Teil der Ausbildung der Kinder außerhalb der Schule stattfindet. Die Menge der Informationen, die sie durch Radio oder Fernsehen bekommen, geht weit über das hinaus, was die Schulbücher enthalten.

Entsprechende Untersuchungen belegen, daß das Fernsehen einen großen Teil unserer Zeit ausfüllt und daß wir schon ungefähr 4000 Stunden Fernsehen konsumiert haben, bevor die Grundschule beginnt. Oft sind es auch die Eltern selbst, die die Fernsehabhängigkeit der Kinder fördern. Sie schicken die Kinder zum Fernseher, nur um ihre Ruhe zu haben. Und so wird von Kindheit an die Welt unserer Wahrnehmungen mit künstlich erzeugten Bildern bis zum Bersten angefüllt. Verführerische Spiele mit Licht und Klang verderben die Seelen, fördern Aggressivität und Gewalt, zeigen irreale Situationen, reizen unwiderstehlich das Bedürfnis nach Sex und Lust an, schaffen falsche Bedürfnisse, fördern die Geschmacklosigkeit, tragen zur Gestaltung einer Gesellschaft des Überflusses bei (die doch nur die Realität einer Minderheit ist) und deformieren die Begriffe LIEBE und FRIEDEN, WAHRHEIT und FREIHEIT. Sie zeigen die Frau als sexuelles Objekt, welches nur dazu da ist, verführt oder betrogen zu werden, und den Mann als harten Verführer, der als Macho von einer Frau zur anderen wechselt. Frau und Mann sind dabei ohne wirklichen Kontakt mit der Realität. Das Fernsehen regt den grenzenlosen Ehrgeiz, die Sucht nach Geld, die Befriedigung der Sinne, den Egoismus an und raubt dem Menschen die Urteilsfähigkeit.

Auch ist es so, daß mit dem Wachstum des Kindes diese Einflüsse immer einschneidender werden. Sie vertiefen sich in der Pubertät und können alles, von Konfusion bis zu fast nicht wieder gutzumachender Deformation, verursachen.

Einige dieser Deformationen sind: die Abhängigkeit von Alkohol und Nikotin, von Pornographie, Gewalt, Drogen und Rockmusik (speziell der satanischen Rockmusik) und die innere Leere und Zerstreutheit, welche durch den Mißbrauch elektronischer Spiele verursacht wird.

Die Werbung liegt keineswegs immer in den Händen von pädagogischen Fachleuten, sondern im Gegenteil bei Menschen, die erbarmungslos ihren unheilvollen Einfluß ausüben. Sie zerstören die Empfindsamkeit des Menschen und führen die Jugendlichen auf den Weg der *Vermassung* und des Nachlassens der rational gesteuerten Aktivitäten. Es fehlt den Jugendlichen nicht an Fähigkeiten, aber sie werden dazu veranlaßt, sie nicht mehr zu entfalten, und alle geistigen Impulse in ihnen werden eingeschläfert.

Ich hatte die Möglichkeit, über das Thema „Die satanische Rockmusik" zu forschen und die negativen Einflüsse zu beweisen, welche die Welt der Rockmusik durch Bilder und Einstellungen, die ästhetisch und moralisch erniedrigend sind, ausübt. Es ist eine Welt, die

die Wahlfreiheit des Menschen übergeht und sich bei den Massen der Jugendlichen suggestiv und ihnen unbewußt durchsetzt. Sie benutzt die „verborgene Botschaft" (backmasking), also Aufnahmen, die vom menschlichen Ohr nicht direkt wahrgenommen werden, aber in die Psyche eindringen und den Menschen zu einem Verhalten motivieren, das dieser Botschaft entspricht (siehe Kapitel 5).

Man kann dabei deutlich Sätze hören wie „Ich höre den Teufel", „Satan ist Herr und Gebieter", „Ich werde singen, weil ich mit Satan lebe" und außerdem scharfe Angriffe gegen Jesus Christus.

Diese Technik hat aber anscheinend das Terrain nur vorbereitet. Heute wird ganz freies perverses Verhalten in aller Öffentlichkeit propagiert. Durch Bilder und Kommentare auf Schallplattenhüllen werden in schamloser Weise die Masturbation, der Alkoholismus, sexuelle Abweichungen und Entartung usw. angeregt.

Es ist notwendig, daß die Massenmedien die Aufmerksamkeit der Jugend auf die *wirklichen* Ziele dieses Vernichtungsprozesses lenken.

Unter psychologischem Aspekt, also vom Gesichtspunkt der Archetypen aus, möchte ich fragen: Was verbirgt sich hinter diesen okkulten „Seiten" der Rockmusik? Bildet all das eine Kultur oder eine Subkultur?

Sie haben das letzte Wort . . .

# REMOVABLE TATTOOS

Our Tattoos Look Like The Real Thing! Containing Up To 5 Colors, **$3.99** They're Easy To Put On And Take Off. They Will Stick To Just About Anything! Directions Included.

| | | |
|---|---|---|
| AP17 | $39.95 | (26"–34") Studded Belt W/Skull Buckle |
| AP18 | $29.95 | (26"–34") Studded Belt W/Plain Buckle |
| LL4 | $10 | (S–M–L) 3 Row Studded Wristband |
| PLG | $14.95 | (S–M–L) Leather Fingerless Gloves |
| 3022 | $7.99 | Motorcycle Chain Bracelet |
| BS2 | $16 | 1" High Spiked Wristband |
| MZ3 | $12.95 | 5 Row Chain Wristband |
| MZ6 | $10.95 | 3 Row Chain Wristband |
| CLR1 | $14 | One Row Spiked Collar |
| H556 | $9.95 | Handcuffs With Keys |
| LL2 | $13 | Spiked Hand Guard |
| CBS1 | $22.95 | Chain Boot Straps |
| 2121 | $11.95 | 6' Leather Whip |

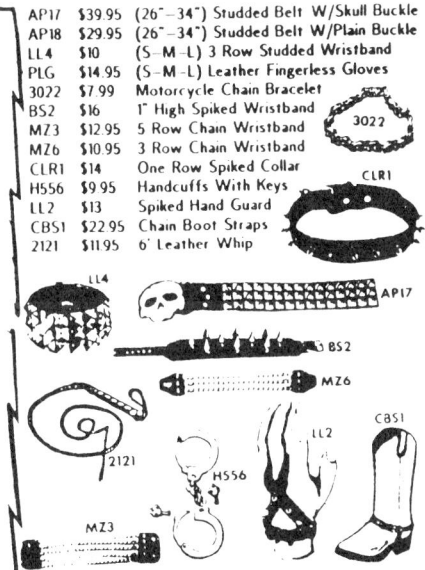

# RINGS

All Rings Are Silver Plated
Available In Sizes 7 – 14
Rings Are $9.95 Each
3 Or More For $9.00 Each

39

No soy un hombre maldito.

Wer verbirgt sich hinter der okkulten Seite des Rock?

# 3. GEFAHREN DES ROCK

In dem Buch *„Die Revolution der Dialektik"* berichtet uns *V. M. Samael Aun Weor* von den Schäden, die das Übel „Rockmusik" dem Gehirn und dem Verstand zufügt. Wir meinen, seine Behauptungen sind nicht übertrieben.

Um sie zu bestätigen, zitieren wir *Wilson Bryan Key,* den Autor des umstrittenen Buches *„Geheime Verführung":*

*„Die Wertnormen sind entscheidend wichtig für das Überleben und das Gleichgewicht des Menschen.*

*Der Mensch wird in seinen persönlichen Wertmaßstäben mittels des unsichtbaren Drucks der „Kultur" gezielt auf Unterwürfigkeit oder eine elementare Achtung hin erzogen. Beispielsweise werden die Menschen innerhalb eines Kulturkreises die gleiche Vorstellung von warm und kalt, stark und schwach, schwer und leicht, groß und klein haben. Vergleichen wir einen Bewohner von Panama mit einem Eskimo, so wird letzterer eine völlig andere Auffassung von warm und kalt zeigen. Die Jugendlichen mit ihrer Rockmusik haben einen anderen Begriff von laut und leise als die Erwachsenen.*

*Die Rockmusik ist ein Beispiel für das Wirken der Massenmedien, die innerhalb einiger Jahre drastisch die Vorstellung von laut und leise geändert haben, um sich den lukrativen Sektor des Plattenmarktes endgültig zu sichern.*

Eine hohe Lautstärke wirkt isolierend, gleichgültig ob sie von Hi-Fi-Lautsprechern oder einem Stahlwerk erzeugt wird. Diese abgegrenzten Marktbereiche sind dann die Jagdterritorien der Spezialisten der Marktwirtschaft.

Angenommen, die Massenmedien hätten noch mehr Macht, so wäre es relativ leicht, verbale Sprachsysteme, welche die Menschen oder die Dinge betreffen, neu zu organisieren. Der Kandidat einer Partei könnte sich zum Beispiel vertrauenswürdiger und aufrichtiger erscheinen lassen, als dies sein tatsächliches Äußeres und seine Stimme erreichen könnten. Man könnte demnach zur Schlußfolgerung gelangen, daß die von den Medien vermittelten Werte häufig Fiktionen innerhalb von Fiktionen sind.

Eine Tatsache, die sich immer wieder bestätigt, ist, daß die Kinder fast immer Dinge kaufen, die ihre Eltern in Rage bringen. Wie man weiß, war dies für lange Zeit der Ausgangspunkt der Schallplattenindustrie.

Die Schallplattenfirmen haben sich an den Generationsproblemen der Nordamerikaner orientiert und eine gewinnbringende Industrie geschaffen, die einen Ersatz für das anbietet, was man als das Pubertätsritual bei einfachen und sippenorientierten Völkern bezeichnen kann. Das gleiche haben andere Firmen getan, die von jugendorientierten Märkten abhängen.

Wenn die Jugend ein bestimmtes Alter erreicht hat, ist es für sie von jeher eine Notwendigkeit gewesen, die Nabelschnur zu durchtrennen, um erwachsen zu werden.

Dies war immer eine schmerzhafte und sehr oft trau-
matische Erfahrung für die Eltern. Das ist ein ganz nor-
maler Vorgang im Leben, und irgendwann entdeckte
man, daß sich hier überraschende kommerzielle Mög-
lichkeiten auftaten.

Wenn ein Eingeborener von Neuguinea in die Pubertät
kommt, wird er allein in den Urwald geschickt, um dort
seine Männlichkeit zu beweisen. Möglicherweise wird
er einen Feind im Kampf töten und einen Schrumpf-
kopf herstellen oder irgendeine andere Tat vollbrin-
gen, die als das Vorrecht eines erwachsenen Mannes
betrachtet wird. In unserer von der Madison Avenue
beherrschten Gesellschaft werden die Schrumpfköpfe
in den Sprechstunden der Psychiater angefertigt. Und
die Schallplattenindustrie preßt das melancholische
Seufzen der Pubertierenden auf Plastikscheiben, die
sich zu Millionen verkaufen.

Indem man die Lautstärke der Musik insgesamt erhöht
und Aufnahmen produziert, die für die ältere Generation immer unerträglicher werden (man berücksichtigt
gezielt die unterschiedliche Laut-und-Leise-Empfin-
dung der beiden Altersgruppen), richtet man die Rockmusik noch ausschließlicher auf die heranwachsende
jugendliche Generation aus.

Man manipulierte so die Ansichten über die Lautstärke
durch das Einführen von Tönen und Harmonien im un-
hörbaren Bereich. Diese Klänge, speziell die der unte-
ren Tonskala, wurden hörbar, wenn man die Lautstärke erhöhte. Die Schallplattenproduzenten mit ihrer
äußerst komplexen elektronischen Ausrüstung glei-

chen dem Bauern, der seinen Esel dadurch lenkt, daß er ihm eine Rübe an einem Stock vor die Nase hält. Sie greifen versteckt in den Rockmarkt ein, um mehr und mehr unterschwellig hörbare Reize erzeugen und so die Lautstärke kontinuierlich erhöhen zu können. Das Erhöhen der Lautstärke erweitert den Frequenzbereich, so daß man sowohl auf der bewußten als auch unbewußten Ebene zuhört. Dennoch kommt hier eine menschliche Grenze bezüglich der Lautstärke zum Vorschein. Viele, seit fünf Jahren Rockfanatiker – jetzt um die zwanzig Jahre alt –, haben schon damit begonnen, Gehörgeräte zu benützen. Einige haben schon gelernt, von den Lippen zu lesen."

# 4. Die PFLANZEN HASSEN DIE ROCKMUSIK, VERLIEBEN SICH ABER IN BACH

*„Ich weiß nicht, was mit meinem Philodendron los ist. Seit einiger Zeit ist er welk, wie ohne Leben, obwohl ich ihn wie sonst immer pflege."*

*„Hast du schon versucht, ihn mit klassischer Musik zu heilen? Mehrere Stunden am Tag Musik von Beethoven, Haydn oder besser noch Bach wirken oft Wunder."*

Man könnte annehmen, daß dieses kurze Gespräch auf dem Gang einer psychiatrischen Klinik stattgefunden hat; und dennoch spricht es von nichts anderem als der Wahrheit.

Die Hypothese ist bekannt, daß Pflanzen nicht gleichgültig für das Interesse sind, das man für sie zeigt. Wenn man mit ihnen in einem sanften und liebevollen Ton spricht und sie mit besonderer Sorgfalt behandelt, gedeihen sie gut, sind kräftig und wachsen schneller. Als diese Theorie bekannt wurde, erhob ein großer Teil der Wissenschaftler in aller Welt – die Erben der „Göttin Vernunft" – ein empörtes Geschrei über „solch einen Aberglauben". Trotzdem setzten offenere und vorurteilslosere Geister ihre Experimente mit der Pflanzenwelt fort. Heute weiß man viele verblüffende Dinge über dieses Reich, wenn auch noch viele Geheimnisse zu entdecken bleiben.

45

In den Vereinigten Staaten kam man zu einer weiteren unglaublichen Entdeckung: Pflanzen sind für Musik sensibel. Und das ist nicht alles; sogar sie haben ihre Vorlieben für bestimmte Arten und Stile.

Auch wenn man noch keine vollkommen zufriedenstellende Erklärung dafür hat, so weiß man doch, daß Pflanzen auf Musik antworten und positiv oder negativ darauf reagieren. Diese Feststellungen sind das Ergebnis einer Serie von Versuchen, die in verschiedenen amerikanischen Instituten durchgeführt wurden.

In einem der ersten dieser Experimente stellte man Geranien, Veilchen und Philodendren in drei verschiedene Räume, alle mit angemessenen Temperatur-, Licht- und Luftbedingungen. Der ersten Gruppe wurde für täglich acht Stunden ununterbrochen der Ton „f" vorgespielt, der zweiten nur drei Stunden lang; die dritte blieb ohne Musik.

Die Pflanzen der ersten Gruppe starben nach einer Woche, aber die der zweiten wuchsen viel besser als die der dritten Gruppe, die zur Vergleichskontrolle diente.

Die Pflanzen reagierten offenbar günstig auf die Vorschrift „ma non troppo". Das übermäßige Anspielen desselben Tons sättigte sie, ja tötete sie sogar.

Das zweite Experiment erbrachte noch Interessanteres. Um zu erfahren, ob die Pflanzen in gleicher Weise auf komponierte Musik und dabei auf verschiedene Stile reagieren, wählte man Gruppen, die alle aus Petunien, Kürbissen und Wanderblumen bestanden. Die erste Gruppe hörte klassische Musik während acht Wochen. Die Ergebnisse waren erstaunlich. Nicht nur wuchsen sie schneller als gewöhnlich, sondern sie richteten ihre Stengel zu den Lautsprechern hin. Ein Kürbis rankte seine Blätter liebevoll um die Lautsprechermembran wie bei einer Umarmung. Die Pflanzen zeigten außerdem außerordentliche Sensibilität für *Bach, Brahms* und *Schubert.*

Im krassen Gegensatz dazu fiel das Ergebnis der zweiten Gruppe, die „unter Rock" gestellt wurde, entsetzlich aus. In den ersten sieben Tagen wurden ihr Aufnahmen mit Themen von *Pink Floyd, Yes* u. a. modernen Gruppen vorgespielt ohne sichtbares Ergebnis. In der zweiten Woche wählte man Stücke „härteren Rocks" aus. Mehrere Stunden am Tag mit *Jimi Hendrix* und *Led Zeppelin* töteten die Wanderblumen nach zehn Tagen und ließen die Petunien „verrückt" werden. Sie wuchsen in einer ersten Etappe außergewöhnlich hoch und entwickelten ungewöhnlich kleine Blätter. Die Kürbisse waren vorsichtiger und richteten ihre Stengel nach und nach von den Lautsprechern weg. Auch wenn man sie zwang, indem man die Blumentöpfe zur Musik hindrehte, beharrten sie auf ihrem Verhalten, wandten sich in die entgegengesetzte Richtung und flohen ängstlich vor den schrillen Tönen des Synthesizers und der elektrischen Gitarre.

Aber damit ist die Geschichte von den musikliebenden Pflanzen nicht zu Ende. Man führte auch Experimente mit Jazz durch, worauf sich ein größeres Wachstum als unter normalen Bedingungen einstellte, jedoch geringer als bei klassischer Musik.

Die wahre Überraschung barg die orientalische Musik. Bei dieser Stilrichtung zeigten die Pflanzen ein Verhalten, das dem der „Hippies" ähnlich war.

Das Experiment bestand darin, daß man einer Gruppe Präludien und Fugen von *Bach,* der anderen Themen von *Ravi Shankar* vorspielte.

Bach entzückte sie, so daß sie sich um insgesamt 35 Grad zur Tonquelle hindrehten. Aber mit Shankar „verloren sie jede Besinnung". Sie neigten sich bis zu einem Winkel von mehr als 60 Grad, und ein kühner Potus ließ seine Stengel zum Lautsprecher hinwachsen, als ob er in die Musik hineinkriechen wollte.

Die Verfechter der Theorie, daß Pflanzen auf Musik reagieren, erbrachten also den Beweis, daß harmonische Klangwellen das Wachstum und Gedeihen der pflanzlichen Spezies positiv beeinflussen. So stimulierte Pflanzen laden sich energetisch auf und sind fähig, eine größere Nahrungsmenge als nichtstimulierte aufzunehmen, weil ihre primären Stoffwechselmechanismen empfänglich für diesen Typ von Anregung sind.

Die Natur ist viel geheimnisvoller und weiser, als wir gewöhnlich annehmen. In diesem Zusammenhang ist die verblüffende Entdeckung zu erwähnen, die Hans Kayser, ein zeitgenössischer Schweizer Wissenschaftler, gemacht hat. Kayser untersuchte die Beziehung zwischen Tonintervallen und dem Wachstum der Pflanzenwelt. Er stellte fest, daß man, wenn man alle Töne einer Oktave mit ihren spezifischen Winkeln (er entwickelte eine besondere Geometrie der Töne) aufzeichnet, den Prototyp eines Blattes erhält, das heißt, daß das Intervall der Oktave – das Abc der Musik – die Form eines Blattes enthält.

Wie dem auch sei, eines ist sicher: Wenn Ihr Sohn übermäßig Rock konsumiert, können Sie ihn im Interesse Ihrer Pflanzen ohne Gewissensbisse an einen anderen Ort schicken.

Das monströse 250000-junge-Leute-Festival „Rock in Rio" war der Traum eines cleveren Unternehmers von 37 Jahren.

# 5. DIE VERFEINERTEN TECHNIKEN

Der Rock ist viel mehr als bloß ein musikalischer Stil. Wäre er nur das, so würde man ihn nicht in einem politischen Wörterbuch antreffen. Hinter ihm verbirgt sich eine wahre Revolution im vollen Sinne des Wortes. Sein Anfang liegt in den 50er Jahren; und seit *Bill Haley* und *Elvis Presley* hat er sich bis heute zu einer wahren – manchmal auch fanatischen – Religion von Millionen von Jugendlichen entwickelt.

Er bringt massive Phänomene zustande wie das Festival „Rock in Rio", das eine Menge von bis zu 250000 Personen pro Aufführung zusammenführte. Er bringt jährlich Hunderte von Millionen Dollar durch Schallplatten und Shows in Umlauf und hat freien Zugang in die große Mehrheit der Familien durch die technische Revolution der Musikgeräte, speziell des Walkmans.

Was wenige wissen – wenn es auch die ältere Generation ahnt –, ist, daß es genügend Autoritäten gibt, die den Rock als schädlich auf physischer, psychischer und moralischer Ebene bezeichnen. Wissenschaftler haben gezeigt, daß diese Musik, wenn man sich ihr über längere Zeit aussetzt, Wirkungen hervorruft, die von der Taubheit bis zur Entpersonifizierung und zum Auftreten von Geisteskrankheiten reichen. Darüber hinaus gibt es einen engen Zusammenhang zwischen dem Rock und dem massiven Anwachsen satanischer Sekten, denen es durch diese Musik gelingt, auf vielfältige Weise – sei es offen oder verdeckt – in ihre Opfer einzudringen.

Was immer die Meinung des Lesers über dieses Thema ist: ohne Zweifel ist es notwendig, zu *wissen,* um sich mit voller Freiheit entscheiden zu können.

## Entstehung

Der Ausdruck „Rock 'n' Roll" entstammt dem nordamerikanischen Jargon oder Slang gewisser Viertel der Hauptstädte. Es handelt sich um eine Ghettosprache, die sich im Laufe der Zeit allgemein in der Gesellschaft durchsetzte ebenso wie der rioplatensische „Lunfardo" (eine Sprache der Diebe) durch den Tango. Rock (wiegen, schaukeln) und Roll (bewegen in kreisendem Sinn, drehen) drücken im ursprünglichen Englisch Bewegungen aus, doch man gebraucht die Worte in verschiedenen Bedeutungen. Aber zusammengeschrieben und in der Aussprache, die den Ghettos eigen ist, bezieht sich der Ausdruck auf Körperbewegungen um den und während des Sexualakts.

Wenn auch *Bill Haley* der Pionier dieser Musikart war: wer ihr zu endgültigem Ruhm auf der ganzen Welt verhalf, war *Elvis Presley,* den man mit einem Wortspiel *„Elvis the Pelvis"* nannte aufgrund der Bewegungen und Verrenkungen bei seinen Auftritten (Bewegungen des Beckens), die jene des Geschlechtsakts nachahmten.

Sein Erfolg war blitzartig; schon nach wenigen Jahren war er der „König des Rock". Er war es auch, der dieser Musik einige endgültige Merkmale aufprägte: den Fanatismus der Zuhörer für die Sänger, die tumultartigen

Spektakel mit hysterischen Ausbrüchen, Raserei bis hin zum Selbstmord. Er starb an Alkohol und Psychopharmaka, verehrt wie ein „Heiliger" der Rockmusik. Sein Haus ist das Ziel unzähliger Wallfahrten, hauptsächlich an seinem Todestag.

## Entwicklung und Verzweigungen

Nach *Presley,* dessen Musik für das gegenwärtige Musikempfinden noch fast melodisch wirkt, hat sich der Rock in verschiedene Richtungen entwickelt. Der ursprüngliche Rock wurde zum *„Soft Rock"* (weich) in dem Augenblick, als der *„Hard-"* oder *„Heavy Rock"* (hart oder schwer) erschien. Einer der anerkanntesten Künstler dieser Musikrichtung ist *Alice Cooper* (der ein Mann ist und seinen wahren Namen *Vincent Fournier* zu Ehren einer Frau änderte, die im letzten Jahrhundert als Hexe (1) (siehe Anmerkungen auf Seite 66) starb und deren Geist – so versichert Fournier – er besitzt). Er verkörpert mit allen ihm zur Verfügung stehenden Mitteln den auffallendsten Aspekt des Rock, den „Beat" (Rhythmus), das heißt den Klang des Schlagzeugs, später durch die elektrische Baßgitarre ergänzt. Seine Inspiration für die Verwendung des Schlagzeugs als eines aufpeitschenden Faktors holt er sich bei den Riten des Voodookultes und der Schwarzen Magie der afrikanischen und lateinamerikanischen Stämme, deren Rhythmen und Kulthandlungen in enger Verbindung zum Sexuellen stehen. Später werden wir den Einfluß dieses Umstandes auf den menschlichen Körper und Geist kennenlernen.

Eine andere Entwicklungslinie ist der *„Acid Rock"* („ätzender", scharfer Rock) (2), der die halluzinogenen Erfahrungsmöglichkeiten des Menschen ausnützt und zu einer Andeutung all der Erlebnisse kommt, die Bezug zur Droge haben. Der Kult der Droge kommt in ihm zum Ausdruck und populäre wie auch weniger bekannte Rockbands scheuen sich nicht, Drogen zu verherrlichen und erzählen von psychedelischen Halluzinationen (3).

So schlagen zum Beispiel *The Rolling Stones* und *The Who* unverblümt dieses Thema an. Die ersten britischen Gruppen haben in ihrem Repertoire Lieder wie *„Sister morphine"* (Schwester Morphium), *„Cousin cocaine"* (Kusine Kokain) und *„Stoned"* (berauscht – durch Drogen).

## Der satanische Rock

Diese Musikart, die erst ganz versteckt begann, trat später von Mal zu Mal offener zutage. Das Festival *„Rock in Rio"* ist ein klares Beispiel dafür, selbst wenn Übertragungen, die man bei uns in Argentinien ausstrahlte, teilweise zensiert wurden; vielleicht hat man sie als zu stark für die argentinische Empfindsamkeit angesehen, die in dieser Hinsicht noch viel zu lernen hat.

*Gary Greenwald* – Ex-Rockkünstler, später zum Christentum konvertiert – war jener, der verriet, daß auf Rockschallplatten Botschaften mit satanischem Inhalt versteckt sein können. Wie man weiß, sind Rockgrup-

Weshalb spielt er mit christlichen Symbolen?

pen echte Unternehmen, die in eigenen Flugzeugen durch die Welt reisen und dabei Tonnen an Ausrüstungen, Instrumenten und Sachen für Spezialeffekte mitschleppen; viele haben ihre eigenen Studios, Schallplattenpressen und einen Stab von Tontechnikern, Effektspezialisten usw. bis hin zu den „Groupies" (fanatische junge Mädchen, die den Sängern persönliche Dienste leisten; sie wechseln ständig).

Ende der 60er Jahre entdeckte man die Möglichkeit, Botschaften in die Aufnahmen mit dem Ziel einzubauen, bei den Hörern eine noch tiefere Wirkung zu erreichen, weil solche Aufnahmen eine unwiderstehliche Anziehung ausüben.

Man erfand die – in den 70er Jahren ausgereifte und heute gut bekannte – Technik des „Backmasking" oder „Backward masking", um diese Botschaften an den Mann zu bringen. Auf Kennzeichen und Wirkungen dieser Technik wird später eingegangen.

Zunächst ist es sicher von Interesse, sich einigen aus vielen Hunderten durch diese Technik übermittelten Botschaften zuzuwenden.

Auf das Lied mit der versteckten Botschaft der Gruppe QUEEN „Entschließ dich, Marihuana zu rauchen ..." wurde bereits auf Seite 29 hingewiesen.

Die Gruppe *Black Dark Arkansas* bringt in ihrem Lied „*When Electric came to Arkansas*" – live aufgenommen – an einigen Stellen Schreie und zusammenhanglose Worte. Rückwärts abgespielt hört man: „*Satan ... Sa-*

Der Rock – der Diskokeller des Grauens.

tan … Satan … he's God … he's God … he's God." (Satan … er ist Gott.)

Das Album „El Dorado" der Gruppe ELO (Electric Light Orchestra) weist sogar auf der Plattenhülle darauf hin, daß die Platte Rückwärtsbotschaften enthält. In einem der Lieder ist zu hören: „He's the nasty one, Christ, the infernal." (Er ist der Dreckige, Christus, der Höllische.)

Man hat eine esoterische Analyse des Liedes „Stairway to Heaven" (Treppe zum Himmel) der Gruppe Led Zeppelin durchgeführt. Wir fügen sie nicht ein wegen ihrer enormen Länge und Ausführlichkeit. Es ist jedoch sicher, daß viele Ausdrücke in den Rocktexten, anscheinend absurd oder ohne Sinn, im Licht der okkulten Symbologie eine klare Bedeutung haben. (4)

Aber man braucht gar nicht lange zu deuten oder zu technischen Hilfsmitteln zu greifen, um versteckte Botschaften zu enthüllen. Viele Rockgruppen machen aus ihrem Satanskult gar keinen Hehl. Der Name der Gruppe Kiss – man wird sich an sie wegen ihrer „Punk"-Bemalung (5) und ihrer Extravaganzen auf der Bühne erinnern (eine der berühmtesten war das Zertrampeln Dutzender von Küken, die, während sie sangen, auf die Bühne gebracht wurden) – ist in Wirklichkeit eine Abkürzung. Kiss bedeutet „Kings in Satan's Service" (Könige im Dienste Satans) (6).

Eines ihrer Lieder lautet:

*I was raised by a demon,*
*trained to reign as the one.*
*I'm the Lord of the waste land,*
*a modern day man of steel.*
*I gather the darkness to please me,*
*and I command you to kneel*
*before the God of Thunder,*
*the God of Rock 'n' Roll.*

*Ich wurde von einem Dämon erzogen,*
*gelehrt, wie dieser zu herrschen.*
*Ich bin der Herr des öden Landes,*
*ein Mann dieser Zeit aus Stahl.*
*Ich rufe die Dunkelheit nach meinem*
*Wohlgefallen.*
*Und ich befehle dir, niederzuknien*
*vor dem Gott des Donners,*
*dem Gott des Rock 'n' Roll.*

Der Name der (australischen) Gruppe *AC/DC* wurde interpretiert als die technische Abkürzung von Wechselstrom/Gleichstrom („Alternating Current/Direct Current"); man kann ihn jedoch auch lesen als „Antichrist/Death to Christ" (Antichrist/Tod dem Christus). Eines der Mitglieder, nach der wahren Bedeutung gefragt, sagte, daß die Interpretation jedem freistehe.

Um die Interpretation zu erleichtern, fügen wir die Übersetzung einer Strophe ihres Liedes „Hell's Bells" (Glocken der Hölle) bei:

*Ich habe meine Glocken,*
*und ich werde dich zur Hölle führen!*

*Ich werde dich besitzen,*
*Satan wird dich besitzen!*
*Die Glocken der Hölle, ja,*
*die Glocken der Hölle!*

## Der Punk-Rock

Er ist eine gewalttätige und sadomasochistische Version des Rock. Die Auftritte vieler Gruppen beinhalten allgemein Szenen von Grausamkeit mit Tieren oder zwischen Sängern und Publikum:

Schläge mit Armbändern, die mit Eisenspitzen besetzt sind oder mit Rasierklingen, mitten in der Raserei der Show. Der Sänger *Ozzy Osbourne* tötete und verschlang Teile der Eingeweide einer Henne, die ihm das Publikum, das sich im Massendelirium befand, zuwarf. Beim Festival in Rio im Januar 1985 warf das Publikum erneut eine Henne auf die Bühne; dieses Mal – man weiß nicht warum – weigerte er sich, sie roh zu essen.

Bei manchen Auftritten wird Tierblut mit Eingeweiden über das Publikum ausgegossen, werden Instrumente zerstört etc. – Handlungen, die eine delirische Anziehung auf das Publikum ausüben. Oft werden Gewaltakte an Tieren vollzogen, die mit dem Tod der Tiere durch Schläge, Erwürgen oder Zertreten enden.

## Die Technik der suggerierten Botschaften

Unter „Backmasking" (7), dem Verschleiern durch Umkehren oder Rückwärtsspielen, versteht man eine Aufnahme, bei der ein Kanal genau umgekehrt zur normalen Richtung des Bandes oder der Platte bespielt wird.
Häufig wird in den Aufnahmestudios jede Stimme oder
jedes Instrument einzeln aufgenommen und später in einem Mischpult zu einem Ganzen zusammengefügt. Auf
diese Art arbeitet man mit bis zu 16 verschiedenen Ka-
nälen. Auf einem davon nimmt man die Botschaft auf, jedoch in umgekehrter Richtung, so daß sie unkenntlich,
aber dennoch wahrnehmbar ist. Man hat wissenschaft-
lich bewiesen, daß ein Entkodifizieren (8) und Aufneh-
men der Botschaft durch den Hörer stattfindet.

## Der mentale Mechanismus der Assimilation
## des Backward-Masking

Das menschliche Gehirn ist in zwei Hälften oder Hemisphären geteilt. Die Wissenschaftler haben gezeigt,
daß die linke Gehirnhälfte die rationalen oder analyti-
schen Funktionen der Nervenzentren umfaßt, während die rechte Hemisphäre der Sitz der unterbewuß-
ten und instinktiven Emotionen ist und damit in Beziehung zu den grundlegenden Faktoren der Kunstwahr-
nehmung steht.

Im allgemeinen kann man sagen, daß der Mensch
hauptsächlich die linke Hemisphäre benützt, wenn er
erwachsen geworden ist und auf der Höhe seiner Fähigkeiten steht. Jedoch ist in der Zeit der Kindheit und

der ersten Hälfte der Jugend stärker die rechte Gehirnhälfte (mehr emotional und instinktiv als rational) aktiv.
In der Tat sind immer beide Hemisphären gemeinsam
im Einsatz, wobei die eine das instinktive und die andere das rationale Leben, letztlich das Moralische und
Intellektuelle formt.

Die Erziehung stellt Verhaltensnormen auf, und diese
setzen sich im Unterbewußtsein fest; deshalb ist es
nicht leicht für einen Menschen, seinen Lebensstil radi-
kal zu ändern. Es gelingt nur durch eine Vernunfts- und
Willensentscheidung oder durch eine starke emotionelle Erschütterung – bewußt oder unterbewußt. Und
hierauf, auf die verborgene emotionelle Schicht, zielt
das Backmasking. Da sie – scheinbar – unverständlich
ist, passiert die „maskierte" Botschaft ungehindert die
linke Hemisphäre (das Rationale), die der Bereich des
Denkens ist. Das Verschleierte schmuggelt sich ein,
weil der Verstand weder fähig ist, es zu entlarven,
noch, es zu erkennen.

So passiert zum Beispiel die Botschaft „zerep rof etov"
(9) den Zollbeamten der linken Hemisphäre; das mehr
intuitive und kreative rechte Gehirn aber nimmt wahr,
daß es sich um den Satz „Vote for Perez!" (Wählt Perez!)
handelt. Die dauernde Wiederholung dieser Botschaft
bei einem, der sie ahnungslos hört, kann ihn – ohne daß
er es merkt – dazu bringen, sein Verhalten zu ändern.
Dies ist eine Form der Programmierung oder Gehirnwäsche. Der Inhalt dieser Botschaften kann ethisch an-
nehmbar oder verbrecherisch sein. Auf jeden Fall stellt
diese Art der Mitteilung eine Verletzung der Bewußt-
seinssphäre, der Freiheit zu wählen, dar.

## Die besonders wehrlosen Jugendlichen

Jugendliche, Heranwachsende oder unreife Personen sind gegenüber dieser Art von Einfluß ohne Schutz, weil bei ihnen hauptsächlich die rechte Gehirnhälfte arbeitet. Bei ihnen sind Verhaltensnormen, die sie durch Eltern und Erzieher erworben haben, noch nicht tief verankert. Die genannte und andere Formen der versteckten Einflußnahme können Verhaltensanomalien und Widerspenstigkeit bis hin zu krankhaften Tendenzen erzeugen.

## Wirkungen des Beat und hoher Lautstärke

Viele fragen sich, warum es den Jugendlichen gefällt, Rockmusik mit so hoher Lautstärke zu hören. Man kann sagen, daß dies gewissermaßen ein von außen auferlegtes Verhalten ist. Tatsächlich ist eine Lautstärke von über 80 Dezibel (10) unangenehm. Bei mehr als 90 dB kommt es zu Gehörschäden (die Hörfähigkeit wird vermindert bis hin zur endgültigen Taubheit). Rockkonzerte haben eine Lautstärke von 106 bis 120 dB.

Die allgemeinen Folgen, die auftreten, wenn sich jemand dieser Lautstärke längere oder kürzere Zeit aussetzt, werden von dem bekannten Musiktherapeuten Adam Knieste als *„Aggressivität, Erschöpfung, Narzißmus, Panik, Verdauungsstörungen, Bluthochdruck etc."* beschrieben. Der *„Beat"* (Rhythmus) des Schlagzeugs und die Tonfrequenz der Baßgitarre können bewirken, daß die *Hypophyse* – die leitende Drüse der

hormonellen Sekretion – aus dem Gleichgewicht gerät.

Häufige Konsequenzen sind die sexuelle Erregung –
die sich bis zum Orgasmus steigern kann – und eine Er-
höhung des Insulinspiegels im Blut, die zum Verlust der
Kontrollfunktionen und der Aufhebung des moralischen Empfindens führen kann, so daß man – ohne es
zu wollen – irgendeine Tat vollzieht, die im Gegensatz
zu den eigenen Verhaltensnormen steht. Bei Live-Kon-
zerten treten diese Wirkungen jedermann sichtbar auf.
Aber bei anhaltendem und wiederholtem Zuhören im
privaten Rahmen kommt es, speziell bei Benutzung des
Walkmans (11), zu vergleichbaren Folgen.

## Stroboskopie

Sie ist das Verbinden von Licht und Klang durch das
Stroboskop, das einen Effekt erzeugt, der sich aus Ton
und Rhythmus zusammensetzt:

- Findet ein Licht-Schatten-Wechsel mit sechs bis
  acht Unterbrechungen pro Sekunde statt, so ergibt
  sich ein Verlust der Tiefenwahrnehmung.
- Wird der Wechsel auf 20 Unterbrechungen pro Sekunde erhöht, bewirken die Lichtstrahlen eine In-
  terferenz (Überlagerung) mit den Alphawellen des
  Gehirns, die die Konzentrationsfähigkeit kontrollieren.
- Je mehr Wechsel erzeugt werden, desto größer ist
  der Verlust der Selbstkontrolle.

Ein anderer „strahlender" Effekt: Der Laserstrahl bewirkt bleibende Schäden auf der Hornhaut der Augen (blinde Punkte). Er wurde von mehreren Gruppen verwendet, später aber wieder abgestellt.

Um den Leser nicht zu ermüden, lassen wir andere Techniken unerwähnt, welche die „künstlerischen" Gruppen benützen.

## Psychologische Auswirkungen

Neuere psychiatrische Studien haben gezeigt, daß der Rock bei bestimmten Individuen die folgenden Krankheitsbilder hervorruft:

- Veränderungen der emotionalen Reaktionen, die von der Frustration bis zur unkontrollierbaren Gewalttätigkeit reichen.
- Verlust der bewußten und reflexiven Konzentrationsfähigkeit.
- Eine beachtliche Verminderung der Willenskontrolle über unterbewußte Regungen.
- Eine Überreizung des Nervensystems, die Euphorie, Beeinflußbarkeit, Hysterie und Halluzinationen nach sich zieht.
- Ernsthafte Störungen des Gedächtnisses, der Gehirnfunktionen und der Koordination der Bewegungen.
- Ein hypnotischer Zustand, der die Person in eine Art Zombie oder Roboter verwandelt.
- Ein depressiver Zustand, der von der Neurose bis zur Psychose gehen kann, vor allem bei der Verbindung von Musik und Droge.

- Mörderische und selbstmörderische Tendenzen, die durch tägliches und anhaltendes Hören verstärkt werden.
- Selbstverstümmelung, Selbstopferung und Selbstbestrafung, vor allem bei großen Rockfesten.
- Unwiderstehliche Impulse zur Zerstörung, Verwüstung und zum Unruhestiften nach den Konzerten und Rockfestivals.

## Anmerkungen zum Text

(1) Satanische Priesterin.
(2) Er bezieht sich auf LSD oder Lysergsäurediäthylamid, die bekannte halluzinogene Droge.
(3) Psychedelisch: psychiatrischer Ausdruck, der all das umfaßt, was sich auf halluzinogene Visionen, Gerüche und Wahrnehmungen bezieht.
(4) Die Satansverehrung ist eine Form des magischen oder satanischen Kults, der sehr viele Verzweigungen besitzt. Dennoch besteht eine gemeinsame Tradition hinsichtlich der Anwendung kabbalistischer Begriffe und symbolischer Ausdrücke. Es ist wichtig, zu betonen, daß diese Form des Kults und seine Anhänger – mag der Leser an die Existenz geistiger Kräfte, des Teufels usw. glauben oder nicht – ebenso eine reale Tatsache sind wie der Buddhismus oder die katholische Kirche.
(5) Der Punk ist eine Subkultur, die durch Gewaltverherrlichung und eine extravagante Form des Kleidens ihrer Anhänger charakterisiert ist (z. B. Sicherheitsnadeln in Wangen, Nasen und Ohren).
(6) „König" bedeutet in der satanischen Sprache „Priester".
(7) Dokumentation „INFORME A.I.P. No. 2 Mensajes subliminales" en publicidad.
(8) Entkodifizieren: das umgekehrte Anwenden einer Verschlüsselungsform auf eine Botschaft, um deren ursprüngliche Form zu erhalten. In diesem konkreten Fall: das Entschlüsseln des Sinns der Botschaft aus den Tönen.
(9) Diese Botschaft, die durch ein Umkehren der Reihenfolge der Buchstaben im Satz konstruiert wurde, ist ein Beispiel, um die Idee zu verdeutlichen. Beim „Backmasking" ist das Versteckte hörbarer und nicht geschriebener Art. Der Effekt dabei ist vollkommen verschieden von dem, wenn geschriebene Buchstaben umgekehrt werden.
(10) Maßeinheit der Lautstärke.

66

(11) Der Walkman ist ein kleiner, tragbarer Kassettenrecorder, den man am Gürtel aufhängt. Man hört durch leichte Kopfhörer, so daß man ihn beim Gehen, Arbeiten, Radfahren etc. tragen kann. Dies hat enorm den Durchschnitt an Stunden erhöht, die Jugendliche Musik hören. Darüber hinaus ist der Walkman gefährlich, weil er den Gehörsinn abstumpft und die Reaktionsfähigkeit für gefährliche Situationen (zum Beispiel auf der Straße) vermindert.

Was will der Rockmusiker wohl ausdrücken?

# 6. DIE SATANISCHE MUSIK

Alles begann Anfang der 50er Jahre in den Vereinigten Staaten. Im Jahre 1951 hat der junge Sänger *Little Richard* erstmals die Idee, den Rhythmus des *„Blues"* zu verändern – eine Idee, die alsbald Tatsache wird. 1954 beginnen *Bill Haley* und seine *„Kometen"* mit *„Rock around the Clock"* einen diabolischen Tanz, in den sich die Jugend auf der ganzen Welt einreiht.

Um diese neue musikalische Welle zu taufen, sucht ein junger Diskjockey aus Cleveland im Jargon der Negerghettos einen Namen und wählt schließlich den Ausdruck *„Rock and Roll"*, weil dieser die zwei Körperbewegungen beim Sexualakt beschreibt.

1955 wendet sich ein junger Sänger ohne große Umschweife der praktischen Arbeit zu und stellt den neuen Musikstil live vor. Dieser junge Sänger ist *Elvis Presley,* der zum Symbol einer ganzen Jugend wird, die sich gegen alle Tabus und sexuellen Verbote eines puritanischen Amerikas auflehnt.

Der fesche Bursche Elvis, der in einer evangelischen Schule im Süden der USA erzogen wurde, zögert nicht, in seinen Texten, seiner Musik und seinen provozierenden Bewegungen die Tugenden einer freien Liebe auszurufen und alles als Lüge zu bezeichnen, was irgendeine Form von Bevormundung oder Autorität enthält.

Der *Rock 'n' Roll* konnte aber hier nicht stehenbleiben. Folgende Beispiele mögen die Entwicklung belegen:

Hatte *Elvis Presley* bereits ein wenig die Vorahnung von etwas Diabolischem vermittelt, die Entwicklung der *Rolling Stones* am Ende der 60er Jahre verstärkt dies:

Die Verkaufszahlen der Rolling-Stones-Schallplatten hatte 1968 einen Tiefpunkt erreicht. Zudem waren drei Mitglieder der Band wegen des Verdachts des Drogenbesitzes festgenommen worden. Der erste Sprung der Stones in die Tiefen der schwarzen Magie beginnt:

Mit der LP *„THEIR SATANIC MAJESTYS REQUEST"* bieten sie eine moderne Interpretation der Schattenwelt des Voodoo und des Mystizismus, die später sich in *„Sympathy for the devil"* und *„Midnight rambler"* fortsetzte. Ihr Sänger *Mick Jagger* imitiert dabei Alber de Salvo, den Würger von Boston, und baut dessen Geständnis – wie er gemeinste Verbrechen, Vergewaltigung und Mord beging – in Liedertexte ein. Er macht sich damit endgültig zur teuflischen Figur.

Bei einer Live-Aufführung dieses Songs am 6. Dezember 1969 in Altamont/Kalifornien wird ein junger Schwarzer von anderen Zuhörern ermordet. Ein Beobachter dazu:

„Die sadomasochistische Show ... machte das Publikum so ausgeflippt, so nervös, daß es ein Wunder war, daß die Stones nicht selber als Opfertiere geschlachtet wurden."

Andere Gruppen, die den Rolling Stones folgten, legten noch mehr Gewalt in diabolische Aussagen.

*Led Zeppelin* singt in *„Stairway to Heaven“*:
„. . . Ja zu Satan, habt keine Angst vor Satan . . . Ich wünsche, daß der HERR zu Füßen Satans kniet . . .“
*Kiss:* „. . . Wenn du mich liebst, schlage mich, es ist Satan, der dein Gott ist . . .“
*Black Sabbath:* „Jesus, du bist der Häßliche, nimm das Mal entgegen, es ist jenes des Antichrist, das 666 . . .“

In Kalifornien konstituierte sich ein Verbraucherkomitee mit dem Ziel einer Überwachung. Dieses Komitee wollte die üble Gruppe *Led Zeppelin* entlarven und ging bis vor das Bundesparlament. Eine Kommission wurde ernannt, um das Repertoire von *Led Zeppelin* und vor allem *„Stairway to Heaven“* zu untersuchen, dessen Text nicht unbedeutsam ist: *„. . . I've got to live for Satan . . .“* (Ich muß für Satan leben.) Das war das Ende von etwas im Hintergrund Lauerndem. Diese Untersuchung hatte insbesondere das Verdienst, daß sie die Öffentlichkeit über die Existenz versteckter Botschaften informierte.

Eine „maskierte“ Botschaft ist, wie gesagt, die Übermittlung einer heimtückischen Nachricht. Sie entzieht sich dem Bewußtsein, um direkt auf das Unterbewußtsein einzuwirken. Das ist das Ziel des Senders der Botschaft. Ist die kritische Intelligenz des Empfängers nicht wachsam, dringt die Mitteilung direkt in das unterbewußte Gedächtnis des Hörers ein.

Wir dürfen nicht vergessen, daß zu allen Zeiten Hexerei in Verbindung mit Musik praktiziert wurde. Es ist interessant, auf den Rhythmus der Musik im *Voodookult* hinzuweisen: er ist mit dem der Rockmusik identisch. Die gegenwärtige Rockmusik wird massiv von gewissen Gesellschaften unterstützt, wie zum Beispiel der *„Welch Witches Society"* (Gesellschaft der schottischen Hexer).

*Alice Cooper* bekannte:
„Vor einigen Jahren nahm ich an einer spiritistischen Sitzung teil, in der *Norman Buckley* dem Geist befahl, sich zu manifestieren; nach einiger Zeit tat dies der Geist und sprach zu mir. Er versprach mir und meiner Gruppe Ruhm und Reichtum im Überfluß. Das einzige, was er von mir als Tribut forderte, war, ihm meinen Körper zu geben. Ich bin berühmt auf der ganzen Welt. Um seine Forderung zu erfüllen, nahm ich den Namen dessen an, als der sich der Geist während der Seance manifestierte: *Alice Cooper."*

Eines Tages lernten *Mick Jagger* und *Keith Richard Anita Pallenberg* und *Marianne Faithfull* kennen, beide aus der Musikszene. Letztere ist sehr bekannt für ihre Talente als Hexe. Sie baten einen Freund, daß er Mick und Keith die Schwarze Magie beibringen möge. Mick Jagger wurde in der *Sekte „M"* dem Satan geweiht; er hat sich bei verschiedenen Gelegenheiten als „Inkarnation" Luzifers vorgestellt.

Wen und was repräsentiert dieser Mann?

# 7. DAS OKKULTE GESICHT DES ROCK

Die Rockgruppen sind während der vergangenen zwanzig Jahre zu den Stars der Plakate und Poster auf der ganzen Welt geworden.

Im Hinblick auf den Rock sagte ein Journalist:
*„Um eine Nation zu vernichten, bedarf es keiner Atombombe; es genügt, die moralischen Strukturen der Jugend durch diabolische Musik, Drogen, Zigaretten, Alkohol und Sex zu zerstören. Wenn wir so weitermachen, werden wir in Kürze eine Generation von Geisteskranken haben . . . "*

## Der Rock dient den niederen Instinkten

Die Gruppe *„Black Dark Arkansas"* nahm einen der großen Erfolge auf, der für mehr als zehn Jahre auf dem Popmarkt führend war: *„Satan is God"* – wobei entsetzliches Gelächter ertönt. Es gibt manche, die die Gruppe verteidigen und ihren Text ignorieren wollen. Die größere Gefahr aber liegt im Rhythmus, in der Form der versteckten Botschaft. Ein Beispiel für die Wirksamkeit einer solchen Botschaft: Ein amerikanischer Supermarkt ließ während mehrerer Tage seine Kunden in versteckter Form die Botschaft hören: *„Ich bin ehrlich, ich bin gut, ich stehle nicht . . . "* Die Diebstähle gingen um 70% zurück. Die kodifizierte Botschaft war wegen ihrer Geschwindigkeit nicht zu erkennen, doch sie sprach zum Unterbewußtsein. Diese Technik ist auch bekannt unter der Bezeichnung „posthypnotische Suggestion".

Sind es die „Dämonen", die den Rock erfunden haben?

1977 setzten sich in den USA von 1000 ledigen und schwangeren Frauen 984 der Rockmusik aus, die, wie geschildert, in Verbindung zur Hypnose steht; ihre Botschaft gräbt sich tief ins Unterbewußtsein ein und richtet dabei den Fötus schrecklich zu.

Der Rock befürwortet die freie Liebe, die Homosexualität, die Droge und den Satanskult.

Monotone, anhaltende und rhythmische Töne erzeugen verschiedene Grade der Trance, wie sie beim Spiritismus und anderen religiösen Riten auftreten.

Das Hormon Epinephrin (Adrenalin) wird während einer Streßsituation ins Blut abgegeben, aber auch, wenn man Musik mit anormaler Lautstärke hört.

## Aussagen von Rocksängern

Jimi Hendrix:
*„Durch die Musik können wir in das Unterbewußtsein hineinlegen, was wir wollen ..."*

Jimi Morrison:
*„Wir sind Politiker und Erotiker. Was uns interessiert, sind der Umsturz und das Chaos ..."*

Frank Zappa:
*„Die gegenwärtigen sexuellen Verhaltensweisen der Gesellschaft können auf die Entwicklung der Rockmusik zurückgeführt werden ..."*

Der Rock wurde zu einem Sklaven fremder Mächte und zu einem Instrument skrupelloser Geschäftemacher.

## Aussagen von Musikwissenschaftlern

Gary Allen:

*„Die Rockmusik entwickelte sich zu einem der Faktoren, der unsere Kinder und die Zukunft der jetzigen Nation am stärksten beeinflußt. Die Rocksänger stehen in ständiger Verbindung mit unserer Jugend, die sie zu Aktivitäten veranlassen, welche die Gesellschaft in Aufruhr versetzen würden, stünde sie nicht ebenfalls unter dem Einfluß ihrer Botschaften. Bei vielen Jugendlichen ist die Musik anstelle des traditionellen religiösen Glaubens die Quelle ihrer absoluten Überzeugungen. Sie können die Texte und die Entstehungsgeschichte der Lieder so wiedergeben, wie man früher die Bibel zitierte.*

*Die Meinungsunterschiede über die Rangordnung verschiedener Gruppen werden mit evangelischem Eifer ausgetragen, und die Entdeckung einer Gruppe kann eine Inbrunst wie bei einem „religiösen Streitgespräch" auslösen.*

*Der intime Freund der Pop-Kultur – die Droge – hat eine große Ähnlichkeit mit mystischen Erfahrungen, und die Konsumenten der verschiedensten Drogen setzen diese mit Wundermitteln gleich."*

Ricardo Goldstein:

*„Die Rockmusik hat umwälzenden Charakter, nicht nur weil sie die Droge, den Sex und leichte Abenteuer legitimiert, sondern auch weil sie ihre Zuhörerschaft dazu animiert, die Tabus der Gesellschaft umzustoßen. Wie es John Philips in einem seiner bekannten Lieder*

fordert: ‚Du mußt gehen, wohin du willst, machen, was du willst und mit wem du es willst . . .'

Diese Musik ist eine sinnliche Kunst mit der Fähigkeit, außergewöhnliche Reize zu vermitteln. Die gewaltsamen und eindringlichen Rockrhythmen, die wie besessenen Wiederholungen von tiefen Tönen, die einfachen Themen und Harmonien, die schreienden Stimmen mit ihrem leidenschaftlichen Seufzen – alles will Aspekte des Sexuallebens suggerieren.

Alles in allem zeigen sich die Schöpfer dieser Musik als wahre Agenten solcher Reize und machen sich durch den Mechanismus des Assoziierens zum Gegenstand einer sexuellen Verehrung.“

Francisco Garlock:
„‚Sage mir, mit wem du umgehst, und ich sage dir, wer du bist' – lautet eine alte Weisheit. Es wäre unmöglich, eine vollständige Liste vorzulegen, doch hier sind einige der Vertreter des Rock: Drogenabhängige, Satansverehrer, Homosexuelle und andere sexuell Abwegige, Aufständische aus Prinzip, Kriminelle, Blasphemiker, Amoralische, Promiskuitive, Anarchisten gegenüber dem Zivilen und Militärischen etc. Die Liste könnte praktisch unbegrenzt fortgesetzt werden.“

Bob Larson:
„Es gibt eine klar bestimmte ethische und moralische Bedeutung der Musik. Das gesprochene Wort muß den Verstand passieren, um gedeutet, übersetzt und seinem moralischen Sinn gemäß eingeordnet zu werden. Dies ist bei der Musik, insbesondere der Rockmusik,

nicht der Fall. Diese aufdringliche Furie kann die Schutzvorrichtung des Menschen umgehen.

Der Thalamus (Sehhügel) im Gehirn, der oberhalb des Cerebellums (Kleinhirn) liegt, kann auf die Musik emotionell reagieren, ohne dabei auf logische Gedankengänge zurückzugreifen. So gelangt der Mensch zu einem rein emotionalen Werturteil über das, was er gerade hört.

Viele Jugendliche sagen mir: ‚Ich höre die ganze Zeit Rock, und es berührt mich keineswegs unangenehm.' Meine Antwort ist einfach, daß sie nicht in der Lage sind zu beurteilen, ob sie davon beeinflußt sind oder nicht.

Der Heranwachsende könnte aber diesen Prozeß völlig umkehren. Er müßte vor allem darüber nachdenken, was musikalischer Geschmack ist, und sich ein ausgewogenes Urteil über die Musik bilden.“

# 8. DAS BEKENNTNIS DES JOHNNY TODD

(Der Text wurde in der evangelischen Kirche von San Francisco, Kalifornien/USA, vorgetragen.)

*. . . Die satanische Welt befand, daß es notwendig sei, ihr übernatürliches Material in die Hände der Menschen zu legen, um Dämonen ins Leben zu rufen, die Zwietracht, Haß, Rebellion und Kämpfe erzeugen.*

*Wenn es IHNEN möglich ist, für eine derartige Sache so viel Geld auszugeben, dann sollten Sie eigentlich jede erdenkliche Summe aufbringen können, um diese Produkte zu vernichten oder zu verbrennen.*

*IHR wichtigstes Instrument ist die Musik, und ich bin nicht einfach ein evangelischer Prediger oder ein müde gewordener Anhänger, dem die Musik nicht mehr gefällt. Ich bin ein Ex-Hexer, der diese Musik nicht mehr erträgt; das erste, was der Prediger jedem ehemaligen Hexer rät, der gerettet wurde, ist: „Wirf alles von dir, was mit dem Satanskult zu tun hat!"*

*Das war es, was mein Pastor mir sagte. Ich kam zurück mit allen meinen Schätzen und allen meinen Büchern und sagte ihm: „Hier ist es! Ich bringe acht Kisten Schallplatten." Der Pastor fragte mich: „Wofür ist das?" – Ich antwortete ihm: „Ich glaube, der HERR sagt mir, ich solle alles von mir werfen, was mit dem Satanskult zu tun hat."*

81

Ich war Leiter der „Producciones Zodiaco", des größten Zusammenschlusses von Schallplattenfirmen und Gesellschaften für Konzertaufnahmen in den USA. Ich war deren leitender Direktor; was ich nun bekennen werde, wird man nicht für wahr halten und glauben, daß es Science-fiction sei:

Wenn man eine Matrixaufnahme (von dieser einen werden alle anderen Schallplatten und Kassetten bespielt) fertiggestellt hatte, wurde die Matrix in einen Saal gebracht, der nie für die Öffentlichkeit zugänglich ist, und dort auf einen Altar gestellt, der sich im Norden des Saales befindet, zusammen mit einer Briefrolle und einem umgedrehten Stern – alles steht innerhalb eines Kreises, der auf dem Boden aufgezeichnet ist.

13 speziell ausgewählte Personen rufen nun „Colban" an. Sie legen die Hände auf und rufen den Dämonen zu, daß sie erscheinen mögen. Dann führt man die Anrufung des „Rija" durch (der Fürst des Satankults), damit er den Dämonen befehle, daß sie jede von dieser Matrix aufgenommene Schallplatte oder Kassette begleiten; das geschieht mit jeder Schallplatte, die für eine der großen Firmen hergestellt wird, und dies ist zugleich der Grund, warum die Leute sie kaufen, denn sie enthalten Zauberei . . .

Diese Musik wird nicht produziert, um durch sie Geld zu machen, weil SIE kein Geld notwendig haben, da SIE ohnehin die Herren des Geldes sind. Was Sie eigentlich tun, wenn Sie diese Schallplatten kaufen, ist, daß Sie IHNEN IHR Geld zurückgeben. SIE produzieren, um den Geist der Leute zu kontrollieren. Fragen

Sie irgend jemanden, der eine solche Musik macht, und er wird Ihnen sagen, daß seine Musik Zauberei ist, inspiriert von seiner Gottheit.

Lassen Sie mich die Panik schildern, welche die christliche Kirche in der satanischen Welt auslöste, als die Gläubigen begannen, Rockschallplatten zu verbrennen. Es herrschte eine große Panik, ich war unter IHNEN. SIE fragten sich: „Wie konnten sie UNSER Tun entdecken?" Ein jeder raufte sich die Haare und sagte: „Was ist geschehen? WIR dachten, daß WIR sie unter Kontrolle haben!"

So kam es, daß SIE acht Millionen Dollar ausgaben, um eine neue Schallplattenfirma mit dem Namen „Maranata" in Kalifornien zu eröffnen. Ihr erstes Produkt war „Jesus Christ Superstar". SIE nahmen einige wichtige Rockgruppen unter Vertrag, und SIE gaben ihnen christliche Namen wie „Liebesgesang" (Love Song) und „Kinder des Tages" (Children of the Day).

Acht Millionen Dollar für den Anfang und weitere Millionen, um diese Musik in die Hände der Jugendlichen zu bringen! Eine der Firmen nennt sich „Mural Record" – ein Unternehmen, das einen sehr mächtigen Hexer als Leiter hat.

Das Emblem der Schallplatten von „Mural Record" ist ein satanischer Tempel – der mächtigste, der je gebaut wurde. Dies ist das Geheimzeichen der Schallplatte – dies ist ihr Zauber. Es ist auch der Grund, warum alle Firmen sich gleichermaßen mit Hieroglyphen der satanischen Welt kennzeichnen, wie zum Beispiel das doppelte „X", der Pfeil, der rote Zirkel, das umgedrehte Pentagramm usw. Sie tun dies, damit die Bewohner der satanischen Welt wissen, wohin sie ihr Geld fließen lassen sollen.

Das ist eine Tatsache. Sie können nach Hause gehen, Ihre Rockschallplatten durchzählen und sagen eins, zwei, drei, vier, fünf etc. – und damit haben Sie eine Menge oder Anzahl von Dämonen, die sich in Ihrem Heim befinden.

Ich werde Ihnen etwas erzählen: Einer meiner Freunde . . . alias „David Crosby". Sie kennen ihn? Von welcher Gruppe? . . . Wie viele Rockfans haben diese Rockgruppe zum Idol? David ist einer meiner Freunde. Im Dezember vergangenen Jahres, um Weihnachten herum, traf ich mich mit Crosby; er war in Begleitung einer Hexe. Ich fragte ihn, ob er mich wiedererkenne, und er antwortete mir mit Ja, aber er hatte Angst, daß man ihn mit mir sähe. Ich gab ihm zu verstehen, daß ich mit ihm sprechen wolle, worauf er seiner Frau mehrere Hundert-Dollar-Scheine gab, um in den Geschäften einzukaufen; wir gingen aus dem Laden und begannen zu sprechen. Ich sagte:

– Ich habe einige Fragen. Kannst du sie beantworten?
– Mensch, was kann ich verlieren? Wenn ich bis zum Ende dieses Jahres aushalte, dann habe ich Glück, sagte er.
– David, rufen SIE immer noch „Colban" an, um die Matrizen zu verhexen?
– Ja.

84

Wohin führt der Rock, vor allem die vertrauensvolle Jugend,
die sich auf diese Musik wie auf eine Religion verläßt?

- Was ist der vordringliche Grund beim Musikmachen heute?
- Das Ziel ist dasselbe wie damals, als du dort arbeitetest.
- Welches ist es?
- Die Kontrolle über den menschlichen Geist.
- Finden die Gesänge in der Sprache der Hexer statt? fragte ich.
- Geh, du kennst unsere Sprache, antwortete mir David.
- Sicher, ich will es aber von dir selbst hören.
- Mehr denn je!
- Ich danke dir, das ist alles, was ich wissen wollte, antwortete ich.

Das letzte, was ich David fragte, war:
- Sind du und die anderen Komponisten beim Musikschreiben noch immer von dämonischen Geistern inspiriert?
- Mein geistiger Führer schreibt weiterhin meine Musik. SIE komponieren keine Musik; IHRE vertrauten Geister geben IHNEN Text und Noten, die Dämonen nähren sich von dieser Musik.

Soweit die Worte von David Crosby. Und ich sage Ihnen: Es genügt nicht, keine Rockmusik mehr zu hören; es ist notwendig, alle diese Platten zusammenzusuchen und sie zu verbrennen. Leider behalten sie die Leute weiterhin bei sich und bringen alle nur erdenklichen Entschuldigungen vor. Doch was immer es sei, ich weiß, daß es Lüge ist. Ich habe Leute gesehen, die ohne Musik in einen schrecklichen Zustand fielen, weil sie deren Gefangene sind. In der satanischen Welt weiß man, daß die Mehrzahl der Lieder Hexerei ist, von Dämonen inspiriert. „Hotel California" war eines der mächtigsten Lieder, die geschrieben wurden ... Alle Platten von Karen King sind in der Sprache der Hexer verfaßt ... Ein Musikschreiber sagt: „Ich habe nie ein Lied geschrieben, das nicht in der Sprache meiner satanischen Religion steht."

Ein letztes, das ich Ihnen sagen möchte: Alle lieben Kiss, eine Rockgruppe ... Vor einigen Monaten gab Kiss eine Pressekonferenz in Hollywood:

– Wissen Sie, daß die Frauen Sie lieben? fragte ein Reporter.
– Wir gehen nicht mit Frauen, antworteten sie.
– Ich dachte, daß Sie es wie alle Gruppen halten.
– Nein, wir sind Homosexuelle ...
– Kiss, ein sehr befremdlicher Name, wie sind Sie auf diesen Namen gekommen? Wie haben Sie sich als Gruppe gefunden? Gingen Sie zusammen zur Schule?
– Nein. Wir kannten uns nicht bis zu dem Tag, als wir uns trafen, um diese Gruppe zu bilden. Wir sind Priester der „Satanischen Bruderschaft von Amerika", unsere Kirche hat uns geformt. Anstelle von Priester sagen wir König. Unser Name ist Kiss. Die Schallplattenfirma wollte unseren wahren Namen nicht drucken. Kiss ist nur eine Abkürzung unseres vollständigen Namens. Er lautet: „Satanischer Königsdienst" (King Satanic Service), was das gleiche ist wie „Könige im Dienste Satans" ...
– Das ist Kiss!

Wer beansprucht die absolute Kontrolle über das Bewußtsein der Jugendlichen?

# 9. AUCH WENN SIE ES NICHT GLAUBEN

Daß sehr laute Musik unsere Hörfähigkeit beeinträchtigt, weiß man seit langem. Die Neuheit ist aber ein Bericht, der in einer renommierten medizinischen Fachzeitschrift in den Vereinigten Staaten veröffentlicht wurde und folgendes Experiment beschreibt:

Zehn Studenten im Alter von 17 bis 19 Jahren wurde Musik mit der ertragbaren Lautstärke von 70 dB vorgespielt. Später ging man auf 107 dB über. Nachdem der Versuch beendet war, stellte man fest, daß acht von zehn Studenten vorübergehend an einer beträchtlichen Verminderung der *Sehfähigkeit* litten. Man will jetzt die Untersuchung ausweiten, um etwas mehr zu erfahren.

*Professor Reznikokk* (Professor für Philosophie und Kunstgeschichte an der Universität Nanterre, Frankreich) lehrt, daß tiefe Töne niedrige Schwingungen im Menschen bewirken, während hohe Töne hohe Schwingungen erzeugen.

Die am wenigsten untersuchte Art der Übermittlung ist jene der umgedrehten Botschaft. Sie ist das Instrument, das viele Gruppen benützen; die Wirkung ist wahrhaft pervers. Das Unterbewußtsein kehrt die Botschaft um und liefert die korrekte Version. Schlecht zu hören, aber dafür um so wirkungsvoller sind die Frequenzen zwischen 17 und 20 Hertz, die hohen Frequenzen zwischen 17 und 20 Kilohertz wie auch eine veränderliche Geschwindigkeit, die von Geräten mit extremer Sensibilität erfaßt werden kann.

Der starke Einfluß des Rock resultiert aus der Kombination tiefer Töne mit gleichbleibendem Rhythmus, die biopsychologische Effekte auslöst: Beschleunigung des Pulsschlags, vermehrten Adrenalinausstoß, gefolgt von sexuellem Verlangen bis hin zum Orgasmus. Der Rock ist eine Botschaft, die sexuelles Vergnügen und Überaktivität des Gehirns verspricht, und wenn die Botschaft mit hoher Geschwindigkeit übermittelt wird, gelangt man zu einem Verständnis.

Auch das Licht verliert durch die Manipulationen der Rockmusiker seine göttliche Eigenschaft: Die Stroboskope – Geräte, die ein Spielen mit dem Wechsel von Licht und Schatten in den Tanzsälen ermöglichen – schwächen den Orientierungssinn und die Reflexe beträchtlich, wodurch man in einen empfindlicheren Zustand für die versteckten Botschaften der Schallplatten gerät.

*Pater Regimbald,* auf Kriminalpsychiatrie spezialisierter Psychologe, zeigte sich bei mehreren Gelegenheiten beunruhigt über die moralischen Folgen, welche die Botschaften mit sich bringen.

*Professor Reznikokk* vertritt die Ansicht, daß wiederholtes Hören von Rockmusik nicht ohne Schäden bleibt und daß es sich hauptsächlich um psychische und sofort nachweisbare Wirkungen handelt, die Gegenstand zahlreicher Studien sind.

Nach über 15 Jahren als Sänger, nach acht Alben mit der Gruppe *Black Sabbath* und drei als Solist hat sich *Ozzy Osbourne* als Superstar des Rock etabliert, der exzentrisches Verhalten an den Tag legt wie das Kahlscheren des Kopfes, das Werfen mit Eingeweiden von Schweinen auf das Publikum oder das Abbeißen von Mäuseköpfen mit den Zähnen.

Eines seiner letzten Lieder, bekannt unter dem Titel „Bark at the Moon" (Bellen zum Mond), ist nichts anderes als eine Invokation niederer Naturkräfte.

*BARK AT THE MOON (BELLEN ZUM MOND)*

*Schreie brechen das Schweigen,*
*erwachend aus dem Tod der Nacht.*
*Die Rache ist*
*rasend.*
*Er ist zurückgekommen, um*
*im Licht zu töten.*

*Und dann, wenn er*
*gefunden haben wird,*
*was er suchte,*
*höre mit Zittern, und du wirst ihn*
*hören zum Mond bellen.*

*In Qual verbrachte Jahre,*
*begraben in einem Grab*
*ohne Namen . . .*
*Jetzt ist er wiedererstanden.*
*Es bedarf der Wunder, um*
*gerettet zu werden,*

für die, welche die
Bestie sucht.
Höre mit Zittern, und du wirst ihn
hören zum Mond bellen.

Voller Angst
verfluchten sie ihn und
begruben ihn weit weg.
Sie dachten, daß seine Seele
für die Ewigkeit
in eine leere, brennend ruchlose Hölle
gegangen sei.

Aber er ist zurückgekommen,
um zu beweisen, daß sie
irrten, sich so
irrten . . .

Heulend in der Dunkelheit.
Lebend durch einen lunaren Zauber.
Er sucht seinen Himmel.
Ausgespien aus dem Schlund der
Hölle.

Wem ist die übernatürliche Macht zuzuschreiben, die der Rock über die Menschen ausübt?

Warum zeigt sie Sex und Kreuz, das Symbol des Christentums?

# 10. ROCK IST DIE „AIDS-KRANKHEIT" DER GEGENWÄRTIGEN MUSIK

Nach Julio Medaglia (Maestro des städtischen Symphonieorchesters von Sao Paulo) hat seit den siebziger Jahren die Rockmusik ihren Charakter als Kulturelement verloren und geriet in die Hände von Geschäftemachern. Sie begann jetzt, sich ständig zu wiederholen, und ist zum Instrument der kollektiven Dummheit geworden, das die Menschen beeinflußt.

Diese primitive und sich ständig wiederholende Rockmusikmaschine, die sich rücksichtslos in allen Medien breitmacht, hat nicht nur eine psychologische Abhängigkeit – der Drogenabhängigkeit ähnlich – geschaffen. Denn sie beraubt die Menschen jeder selbständigen Motivation, so daß beim Verbraucher eine Art Passivität und Leere auftritt. Mit anderen Worten: Der gegenwärtige Jugendliche verkommt zum dümmsten Jugendlichen der letzten Generationen, da seine Antriebe nicht zu überlegten und mutigen Aktionen führen. Die Rockmusik ist im Gegenteil eine Blockade dieser Antriebe, ein Instrument der kollektiven Unterjochung.

Da die Macht der heutigen Massenmedien gigantisch ist und sie in jedes kulturelle Universum eindringen, sei es das westliche oder östliche, das der Reichen oder der Armen, das kapitalistische oder kommunistische, spielt diese Art AIDS der aktuellen Musik eine verheerende, alles verstümmelnde Rolle. Sie bricht zügellos alle ihr noch entgegenwirkenden kulturellen Widerstände, sei es auf dem Land, sei es in der Stadt. Sie verbannt die Kulturen der Vergangenheit mit einem Schlag ins Museum und verwandelt jede schöpferische Aktivität in einen Zustand der Abhängigkeit und Ausgrenzung. Die Rockmusik in ihren am weitesten degenerierten Richtungen hat sich in eine geistige und musikalische Epidemie verwandelt, deren Symptome man genauso beschreiben kann wie die anderer Krankheiten. Machen wir uns an die Diagnose!

## Symptom 1: Narkotika und Drogen

Man braucht nicht lange in Archiven zu stöbern, fast jedem sind Namen von „Pop-Stars" geläufig, die mehr oder weniger mit Sex, Drogen, Chaos und Skandalen assoziiert werden.

Die Drogenaffären der *Rolling Stones* habe ich bereits erwähnt. Als 1970 die Popidole *Jimi Hendrix* und *Janis Joplin* kurz nacheinander durch Drogen und Alkohol zugrunde gingen, erregte das viel Aufsehen. Auch von anderen Pop-Gruppen ist bekannt, daß sie Drogen nehmen, sowohl als Stimulans vor und bei ihren Auftritten als auch beim Komponieren ihrer Texte und Lieder.

Doch lassen wir *Frank Zappa* von den *Mothers of Invention* selbst zu Worte kommen: „Erotische Politiker, das sind wir. Wir sind interessiert an allem, wenn es nur etwas mit Aufstand, Unordnung, Chaos und ähnlichen Aktivitäten zu tun hat. Drogen gehören dazu."

96

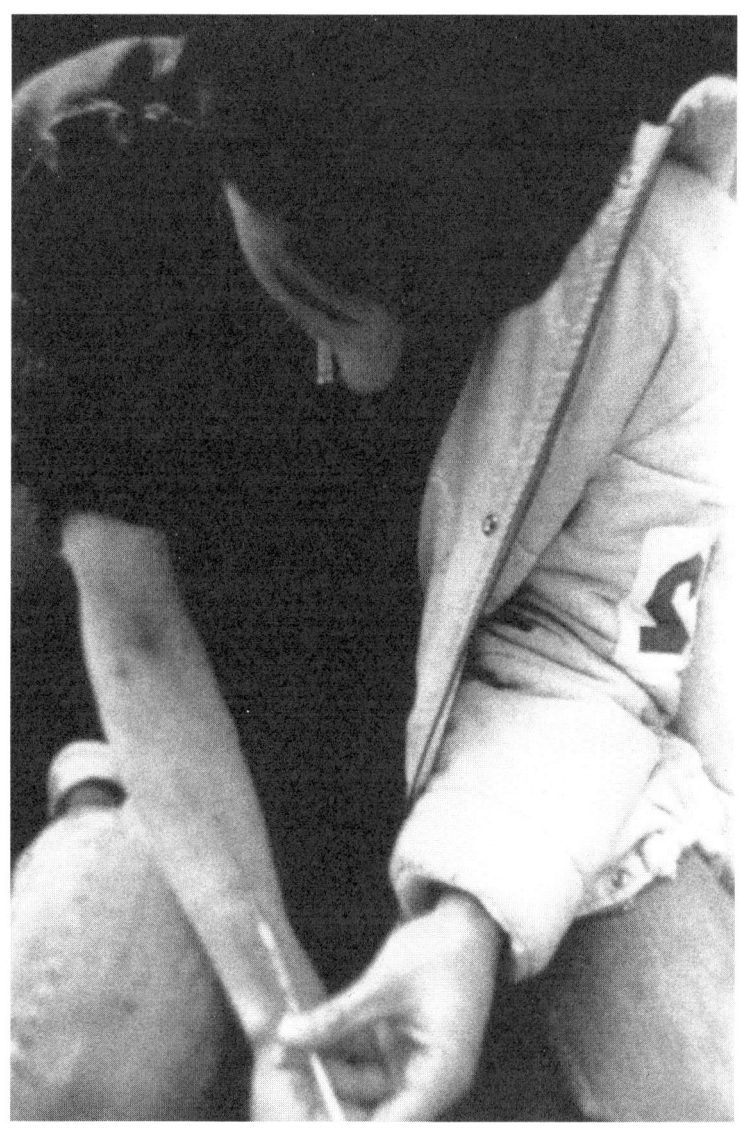

Welche mächtigen Wirtschaftsinteressen verbergen sich
hinter der Rockmusik?

Zum zweiten Todestag von *Sid Vicious* (Chef der *Sex Pistols,* der ebenfalls an einer Drogenüberdosis starb) kursierte folgendes Flugblatt:
„Jeden Abend das gleiche / du rennst nur noch rum als Leiche / doch fällt dir mal ne Pulle runter / wirst du und gleich der Bulle munter / wir sitzen hier im Karo / und werden nicht mehr froh / ein Affentanz sowieso."
So bringt denn auch ein bekannter Songtitel die Sache auf den Punkt:
„Sex & Drugs & Rock 'n' Roll."

## Symptom 2: Ich und der Teufel

Zu Beginn der sechziger Jahre hatten die Engländer die Bühne der Rockmusik betreten. Unter den berühmtesten Gruppen befanden sich die *Rolling Stones.* Diese Gruppe forschte nach den alten Wurzeln der amerikanischen Rhythm & Blues-Musik, und ihr Sänger Mick Jagger entdeckte einen legendären Bluessänger, der die Rolling Stones entscheidend beeinflußte, nicht nur musikalisch, sondern auch der Lebensart nach. Ich meine Robert Johnson.

Dieser legendäre Bluessänger hatte nach Ansicht bestimmter Leute einen Pakt mit dem Teufel geschlossen. Der Teufel war gekommen und hatte seine Seele mitgenommen, als er noch jung war; er starb, vergiftet von einer Frau … Die untenstehenden Fragmente wurden 1938 aufgenommen. Die erste Auswahl war „Ich und der Teufel" betitelt. Der Text lautete: „… heute morgen ganz früh, als du an meine Türe klopftest, sagte ich: Hallo, Satan! Ich sehe, meine Stunde ist gekommen. –

98

Ich und der Teufel gingen von da an Seite an Seite. Ich werde mein Frau prügeln, bis ich davon genug habe . . ."

Lassen wir den traditionellen Blues beiseite und kehren wir wieder zur Rockmusik zurück. Manche Blueslieder erwecken den Eindruck, daß *Mick Jagger* und die *Rolling Stones* die Lehre Satans recht gut begriffen haben. Die Zeitschrift „Newsweek" proklamierte Jagger als „Den Luzifer der Rockmusik". Er wurde in vielen Konzerten mit einem T-Shirt gesehen, auf welchem Christus am Kreuz, aber auf dem Kopf stehend, abgebildet war. Die Langspielplatte „Goats Head Soup" soll teilweise während einer Voodoozeremonie aufgenommen worden sein. Das Innere der Schallplattenhülle zeigt das Bild eines Kessels mit dem Kopf einer Ziege: Symbol der Anbetung Satans.

Eine andere Schallplatte trägt den Titel „Auf Bestellung der satanischen Majestät". Eines der berühmtesten Lieder Mick Jaggers trägt den Titel „Sympathie für den Teufel". Es hat sich zur Nationalhymne der satanischen Gruppen in den USA entwickelt. Der Text lautet: „Bitte, ich möchte mich vorstellen. Ich bin ein Mann mit Reichtum und Geschmack. Während vieler Jahre habe ich meine Runde gedreht und vielen Menschen die Seele und den Glauben gestohlen. Ich war anwesend, als Jesus Momente des Zweifels und der Schmerzen hatte. Ich habe dafür gesorgt, daß Pilatus sich die Hände in Unschuld wusch und sich das Gesicht bedeckte. Es freut mich sehr, Sie kennenzulernen, ich hoffe, Sie erraten meinen Namen. Was Sie verwirrt, ist nur die Lebensechtheit meines Spiels."

## Symptom 3: Ich halte mich für verrucht

Pete Criss, ehemaliger Schlagzeuger der Gruppe „*Kiss*", hat in einem Interview für die Zeitschrift „Rolling Stone" erklärt: „Ich halte mich für verrucht und glaube an den Teufel genauso wie an Gott. Man kann den einen oder den anderen benutzen, um an sein Ziel zu kommen."

## Symptom 4: Verhext durch einen Dämon

Dringen wir tiefer in die satanische Rockmusik ein, stoßen wir auf die Gruppe *Deep Purple*. Der Gitarrist Ritchie Blackmore sagte, es gefalle ihm, die Aufnahmen in einem Schloß des 17. Jahrhunderts zu machen. Es sei vermutlich durch einen Dämon verhext, welcher dem viertausend Jahre alten babylonischen Gott Baal diene. In einem seiner Lieder lautet der Text: „Ich bin mit vielen Namen benannt worden und ertrage sie alle, weil es alles ist, was ich habe. Ich habe etwas, was auch du bekommen kannst, etwas, was auch du sehen kannst. Es ist nicht einfach zu bekommen, es war schwierig für mich. Auch du kannst es besitzen, ich habe es dir schon gesagt. Es ist möglich, daß ich nur dein Leben nehme ..."

## Symptom 5: Die Macht der Dunkelheit

Die Gruppe *Rono* aus England hat über die Macht der Dunkelheit gesungen: „Der Teufel wird weitermachen. Es ist Mitternacht, der Teufel wird weitermachen. Ihr Hexen, es ist die Einweihung! Ihr Zeugen der

Auferstehung Satans! Mächte der Dunkelheit, ich weiß, wozu sie dienen. Mächte der Dunkelheit …"

## Symptom 6: Ich kann den Teufel sehen

Eine der satanischsten Rockmusikgruppen ist *Black Sabbath*. Bei einem Interview für die Zeitschrift „Circus" erklärte das Gruppenmitglied Bill Ward: „Satan kann Gott sein …" Und ihr Bassist sagte: „Ich kann den Teufel sehen, und ich bin Luzifer." Eine seiner neuesten Schallplatten trägt den Titel „Wiedergeboren", und da sich die Gruppe über die Geburt von Christus lustig macht, zeigt die Vorderseite eine neugeborene Kreatur mit Klauen sowohl an den Füßen als auch an den Händen statt Fuß- und Fingernägeln.

## Symptom 7: Vampirkult

Steven Kaplan, Direktor des Vampirforschungszentrums, hat in Queens, New York, erklärt, daß einige Fans des Sängers Ozzy Osbourne einen Vampirkult ins Leben gerufen haben und daß sie menschliches Blut trinken. Osbourne ist aus der Gruppe ausgetreten und hat eine Schallplatte aufgenommen, auf der er den satanischen Aleister Crowley verherrlicht.

In „Hinter der Wand der Traum" lautet ein Teil des Textes wie folgt: „Jetzt habe ich dich in den Klauen, unsere Liebe wächst mit Schrecken. Schau mir in die Augen, und du wirst sehen, wer ich bin, mein Name ist Luzifer, bitte nimm meine Hand."

**Symptom 8: Ich habe meine Seele verkauft**

Die Gruppe *Uriah Heep* singt in einem ihrer Lieder über einen Dämon des Regenbogens, „welcher nur deine Seele will ...“ In der Bibel, Johannesevangelium, Kapitel VIII, Vers 44, steht, daß der Teufel der Vater aller Lügen ist. In diesem Sinne macht die Gruppe *Nazareth* in ihrem Lied „Ich habe meine Seele verkauft“ ein Geständnis. Danach ist ihr Hauptziel, alle Menschen, die nach Gott suchen, zu entmutigen. Sie läßt durchblicken, daß Gott Gebete nicht erwidert. Der Text lautet: „Ich habe zu Gott gebetet, aber ich glaube, daß er mich nicht gehört hat. Mein Opfer war vergeblich, ich habe verzweifelt geweint, und ich habe an Schwarzer Magie teilgenommen. Ich habe durch die Tür des Himmels geschaut, aber ER muß gerade in eine andere Richtung geguckt haben. Ich habe aus Reue geweint, ich habe verzweifelt geweint und habe an Schwarzer Magie teilgenommen. Ich habe meine Seele dem Teufel verkauft.“

**Symptom 9: Der Fluch der Rock-’n’-Roll-Musik**

Die Gruppe *AC/DC* benutzt das „satanische“ S in der Form eines Blitzes als ihr Signet. Die Titel ihrer Lieder bestätigen, wie satanisch diese Gruppe ist, u.a.: „Glocken der Hölle“, „Straße in die Hölle“, „Stadt der Sünde“, „Fluch der Rock-’n’-Roll-Musik“, „Spritz das Gift ein“ und „Die Hölle ist kein schlechter Ort, um dort zu bleiben“. In dem Lied „Straße in die Hölle“ lautet der Text: „Es gibt keine Verkehrszeichen, wo darauf steht ‚Stop!‘, keine Geschwindigkeitsbegrenzung. Niemand

wird mich stoppen, mit einer Felge werde ich ihn um-
bringen, niemand wird mit mir Streit beginnen. Hör zu,
Satan! Ich bezahle meine Raten, denn ich spiele in einer
Rockmusikgruppe. Hör zu, Mama! Schau mich an! Ich
bin auf dem Weg zum versprochenen Land, auf der
Straße in die Hölle!"

## Symptom 10: Schwarze Magie

Eine andere Gruppe, die den Kult Satans betreibt, ist
*Led Zeppelin*, welche auf dem Kopf stehende Kreuze im
Hintergrund bei manchen ihrer Konzerte benutzt. Ihr
Gitarrist Jimmy Page gibt zu, in Schwarze Magie ver-
wickelt zu sein. Er wohnt im Schloß des satanischen
Aleister Crowley, welcher sich selbst für so verrucht
hielt, daß er sich den Beinamen „Das Tier 666" zulegte.
Andererseits wissen wir, daß der Schlagzeuger John
Bonham in dem Schloß von Page unter geheimnisvol-
len Umständen starb. In einem Interview für die Zei-
tung „Rolling Stone" sagt der Sänger Robert Plant, daß
Page und gewisse satanische Rituale am Tod Bonhams
und anderen Tragödien schuld seien, unter denen die
Gruppe zu leiden gehabt habe.

## Symptom 11: Besondere Utensilien der Hardrock-Musik und der Heavy-Metal-Musik

Die Erfindungsgabe von *King Diamond* kennt keine
Grenzen. Er gebraucht menschliche Knochen als Er-
gänzung seiner Bühnenshows nach uraltem Terrorstil.
Er hatte einen Arzt gefragt, wo er einen Schien- und

Der „Heavy Metal" benutzt eine Symbolik voll von Messern, Ketten, Leder, gefolterten Frauen – das ganze Aggressionsarsenal des Machos unserer Städte.

Wadenbeinknochen für seine Zwecke finden oder stehlen könnte. Zum Glück bekam er sie, ohne einen Totengräber beklauen zu müssen. Er sagt: „Ich hätte alles Mögliche gemacht!" Dieser Hardrock-Musiker gesteht selbst, daß er sich für die Psychologie der Persönlichkeit interessiert und bei jedem Strich des Pinsels, mit dem er sich schminkt, darauf Rücksicht nimmt. *„Die Knochen, die ich für die Gestaltung meiner Aufführungen brauche, und die Totenköpfe, welche ich bei Liveshows benutze, sind notwendig, um mit Erfolg auftreten zu können. Ich weiß nicht, was ich machen würde, wenn ich sie eines Tages verlieren würde"*, sagt King völlig überzeugt. *„Es wäre genauso, wie mein Make-up abzuwischen, denn es ist ein noch wichtigerer Teil für die Erreichung der geeigneten Atmosphäre in den Bühnenshows. Ich kann die Furcht in den Gesichtern der Leute sehen, sogar noch derer, die weit hinter der zehnten Reihe sitzen – und das funktioniert herrlich."*

## Symptom 12: Satanische Sekten

Wer sich mit den satanischen Sekten beschäftigt, kann bestätigen, daß es ein ganzes kulturelles Gewerbe gibt, wo der Dämon Hochkonjunktur hat. Es ist ganz klar, daß z. B. die Jugend sehr einfach durch manche Musikarten manipuliert werden kann, wie „Rockmusik", „Hip-Hop", „Heavy-Metal" und „Acid-House". In diesem Sinne geben gewisse Schallplattenfirmen, wie z. B. die „Satan Brothers", fast nur Schallplatten heraus, die „Botschaften" des Teufels enthalten und auf deren Hüllen Dämonen abgebildet sind.

Das gleiche passiert auf den Straßen der Großstädte und vor allem an den Fassaden der Kirchen. Zusätzlich zu Zeichnungen mit dem Teufel kommen verschiedene Wörter vor, wo z. B. das „T" auf den Kopf gestellt ist, wodurch es die Form eines umgedrehten Kreuzes annimmt. Das ist ebenfalls ein Symbol der Satanisten. Nach der Meinung von Graphologen, die von den Erforschern des Satanismus befragt wurden, bedeuten kurze und schnelle Schriftzüge und spitze Enden auf Zeichnungen, daß die Jugendlichen, die sie erzeugt haben, eine gewalttätige, aggressive und blutdürstige Persönlichkeitsstruktur haben.

Aber in Wirklichkeit ist nicht die ganze Rockmusik satanisch, und ich habe auch nicht die Absicht, die Rockmusik als solche anzugreifen. Ich will vor allem die Gruppen bekanntmachen, die in satanischem Geist arbeiten, und eine Warnung vor den Gefahren dieser Musik aussprechen.

Auf der anderen Seite sagen viele Leute, sie verstünden kein Englisch und deswegen könne ihnen die in der fremden Sprache übermittelte Botschaft nicht schaden. Aber nach einem Artikel der Zeitschrift „Psychologie heute" hat man festgestellt, daß der Verstand einer Person während des Schlafes die Bedeutung von Texten entschlüsseln kann. Auf diese Weise kann eine Person in guter oder schlechter Absicht manipuliert werden. Das soll uns zum Beweis dienen, daß die Sprache kein Hindernis für die geistigen Mächte bedeutet.

Zum Abschluß dieses Kapitels möchte ich noch erklären, daß der satanische Geist nicht nur in der Rockmusik steckt, sondern auch in der afrikanischen und latein-amerikanischen Musik und der Folklore bis hin zum Jazz. Es ist unmöglich, all diese Musikrichtungen in einem einzigen Buch zu analysieren. Ich habe mich dafür entschieden, nur die Richtung der Rockmusik in diesem Buch durchzuarbeiten.

Das Innere zeigt sich – früher oder später – im Äußeren.

# 11. SCHRECKENERREGENDE VIBRATIONEN

Bei meinem letzten Besuch in Spanien hatte ich Gelegenheit, Alex kennenzulernen. Er ist ein netter Junge und ein Rockmusikfan. Ihm ist es zu verdanken, daß mir ein sonderbarer Artikel in die Hände fiel, welcher in einer Rockmusikzeitschrift veröffentlicht wurde. Der Inhalt dieses Artikels spricht für sich selbst:

*Der Teufel (oder Satan, je nachdem, was du bevorzugst), das Blutige, die Verwandlungen, Foltern, Exorzismen, das Makabre und schließlich die sogenannten Horrorszenen sind immer (und sind es noch heutzutage) eine Inspirationsquelle für die unterschiedlichsten Musiker der Hardrockmusik gewesen. Vielleicht kommt das davon, daß es sich hier um eine literarische Gattung handelt, die eng mit dem dumpf dröhnenden Potential der schwermetalligen Vibrationen verbunden ist.*

*In diesem Sinne habe ich mich an die Höhepunkte der Terroraufnahmen erinnert und habe sie angehört. Ich glaube, diese Momente sind würdig, in dieser Galerie des Terrormetalls ausgestellt zu werden, sei es wegen der Atmosphäre der Musik, sei es wegen des Textinhaltes.*

### Furchteinflößendes Klopfen

*Die Tür meiner Mansarde ist geschlossen. Ich habe es mir bequem gemacht und die geeigneten Terrorauf-*

nahmen für meinen Artikel ausgewählt, die ich im flakkernden Licht des Kandelabers schreibe.

Nicht, daß ich großen Wert auf die Umstände lege. Aber du weißt, auf ihre Weise liefern auch sie ihren Beitrag. Also, ich weiß nicht, wie es passiert ist, aber während ich einige Lieder (die anschließend folgen) hörte, versank ich immer mehr in die dunkle Welt der Magie, Hypnose und grauenhafter Halluzinationen. Ein Kosmos mit ungeheuerlichen Bildern, welche sich meines Verstandes so sehr bemächtigten, daß ich unmerklich anfing, sie in meinen Artikel miteinzuschieben.

## Julio, bitte recht gruselig!

Wer dieses Pergament mit schreckenerregenden Buchstaben entschlüsselt, erkennt, daß das Grausen eine aus metallischen Tönen flammende Seite besitzt! Wenn es sich nicht um die auf Vinyl oder Makette gedruckten allergruseligsten harten Songs handelt, so sind es immerhin noch bemerkenswerte Meisterwerke des Makabren. Das Schallplattenverzeichnis enthält die Taten des Bösen, die sich vor den erschrockenen Ohren des Zuhörers real materialisieren.

## Das Schallplattenverzeichnis – ein Gewölbe des Grauens

Also ... dringen wir in das Grauen ein. Schnallt euch an, und bereitet euch auf die Reise vor ... Eine Gruppe von

110

Musikern, als Gespenster verkleidet, versammelt sich um ein altes verlassenes Haus. Gibt es vielleicht irgendein echtes Gespenst unter ihnen? Wer ist dieser da, der die Leiche eines schönen nackten Mädchens in den Armen hält?

Nach einer kurzen Wartezeit geht die Tür des alten, dunklen Hauses auf. Es erscheint ein abgetakelter Hauptdarsteller von Terrorfilmen: VINCENT PRICE. Und während die Metallischen eintreten, entdecken sie, daß eine der klassischen Rollen von Price auf die Wände des Hauses projiziert wird. Eine Bühne mit den entsprechenden Kulissen tut sich auf, alles in ungewöhnlicher Beleuchtung: Kerzen, riesige Öllampen ... Ein als lebendiger Totenkopf verkleidetes Wesen sticht mit einer Heugabel auf den Körper einer charmanten Frau ein, die in ihrer Verzweiflung heult. „Ein guter Anfang, nicht wahr?" sagt Vincent Price mit erstarrtem Lächeln. Die Musiker werfen ihre Verkleidungen ab, und kurz danach sieht man auf der Bühne die erste Gruppe ...

**Makabres Festival**

Ein gewaltiger Knall wie aus einer Kanone heißt die TWISTED SISTERS willkommen. Es wird „Horrorteria" interpretiert, eine kurze Suite voll Blut und bis in die Eingeweide dringendem Schrecken, die zu dem Album „Stay Hungry" gehört. Und seltsam, bei dieser Parade gibt es auch eine Präsentation Glamm mit den DIRTY STRANGERS, welche Punkrockmusik machen und in ihrer Langspielplatte „Hell comes to your House" sich auf die Thematik des Schreckens beziehen.

111

Das Licht des Tages beginnt in meine Wohnung zu kriechen, obwohl die Zigaretten- und Alkoholreserven ausgegangen sind. Meine Seelengesundheit scheint ernsthaft angeschlagen zu sein. Mein Gehirn beginnt wahnsinnig zu werden. Mein Verstand verschließt sich ganz in sich so wie eine Auster in ihre Muschelschale.

## Außerordentliche Rollenbesetzung mit … metallischen Ungeheuern

Kann man mehr Schrecken auf einem einzigen manisch-metallischen Blatt verlangen? Ja, denn wenn die Ungeheuer Frankenstein oder Graf Dracula noch nicht ausreichen, bieten wir noch andere Reize, z. B. die Riesenschlange, Doktor Jekyll und Mister Hyde und die Medusa, die mit der Macht ihres Blickes Männer in Steine verwandelte … diese schreckliche Frau, der statt Haaren lebendige Schlangen wuchsen, welche auf ihrem Kopf Hula-Hula tanzten.

## … und Mercyful Fate!

In dieser Gruppe sehen wir einen Kerl, der als Teufel verkleidet ist und Kreuze aus Knochen bei sich trägt, mit denen er Satan anruft. Danach phantasmagorisch vibrierende Noten bei „Satans Fall" und schreckenerregende bei „Black Funeral". Beide Lieder gehören zum Album „Melissa". Ein funkelnder Königsdiamant.

„Mach weiter! Mach weiter, bis es blutet!" sagen die Kollegen des Jenseits zu Doktor Tod. „Aber das Weib ist keine Jungfrau mehr, sie wurde mehrmals gebumst wie eine Henne im Hühnerstall", behauptet die verruchte Person. Nachdem Doktor Tod das schöne Mädchen verführt hatte, beschloß er, daß es nun wirklich bluten sollte – und dann tötete er es. Er durchstach ihren Hals mit einem Messer.

MEGADETH in „Mary Jane" erzählt die Geschichte eines Weibes, das Hexerei ausübt. Als sein Vater das entdeckt, begräbt er es bei lebendigem Leib. Genial! Es ist ein Lied, welches auf dem Album „So far, so Good . . . so What?" ist.

SACRIFICE bietet auf ihrer neuen Langspielplatte „Torment in Fire" Texte über paranormale und fürchterliche Phänomene. Aus irgendeinem Grund ist der Sänger und Gitarrist der Band, Rob Urbinati, nach Filmen dieser Art ganz verrückt.

**Das Grauen wächst**

Ich denke immer noch an dieses alberne Zeug. Was weiß denn ich! Die Fenster und die Türe meines Hauses, die herausfallen, wodurch Graf Dracula und der Wolfsmensch eindringen können. Der erste schlägt einen Stuhl an meiner Hammondorgel kaputt, der zweite zertrümmert mit einem Schlag der Hand die Schreibmaschine. Und ich bin ganz verdattert, unfähig, diese haarsträubende Vision abzuwenden. Schade, daß kein Tropfen Whisky übriggeblieben ist!

BLACK SABBATH, eingewickelt in einen geheimnisvollen Nimbus, hat in ihren ersten Jahren Terrorgeschichten und Hexerei geschürt. In dem Album „Master of Reality" hören wir das Lied „Children of the Grave", welches einen dichten Sound hat und in einem makabren, schreckenerregenden Klima gedeiht.

Andererseits GREAT WHITE! Wenn du das Lied „Nightmares" hörst, werden deine Zähne ganz lang.

Der Satanskult hat unter den Gruppen der Metaller viele Eingeweihte. Sonst muß man VENOM danach fragen, die in den Texten dazu auffordert, Blut zu trinken, das Blut des Teufels, und seinen Bastardsohn zu verehren, nein, zu lieben (!). Man kann hier Schimpfwörter und Verleumdungen gegen den König der Hölle hören. Alles wird von dieser Gruppe unerbittlich herausgefeuert, und wir fühlen uns als Gefolterte. Einige Beispiele? „A War with Satan", „In League with Satan" und in „Angel Dust" singen sie ganz deutlich: „Es ist besser, in der Hölle zu reiten, als im Himmel zu verfaulen." Also geh mit ihnen in die Hölle!


**Irrenhaus**

LIZZY BORDEN hat Terrorstücke, deren Titel allein schon voller Horror sind. Es langt bereits, wenn man sich anhört „Terror On The Town", Foltern wie in „Destroyer" oder „Ultra Violence". Und wenn du noch nicht überzeugt bist, brauchst du nur „Terror Rising" zu hören. WRECKAGE hat auch einen merkwürdigen Einfall gehabt mit ihrem vernichtenden „Experiment in

114

Die Rockbewegung schafft Ungeheuer mit ihren Händen und ihren Platten.

Terror". Man sollte übrigens IMPEALER nicht vergessen, eine Gruppe Liebhaber von Horrorfilmen nach der Art „Die Nacht der lebendigen Toten". Und auf der Grundlage dieser Ideologie hat diese Gruppe einige Shows montiert.

SABBATH ist eine Gruppe aus hartnäckigen Praktikanten des Satanischen. Es lohnt sich, sich von dem Lied „A Cautionary Tale" vereinnahmen zu lassen. Es stützt sich auf die „Faustlegende", wo dieser Kerl seine Seele dem Teufel verkauft.

SACRIFICE bietet ganz annehmbare „Terror Strikes" auf der Schallplatte „Forward to Termination". KAT macht auch Sachen dieser Art, wie zum Beispiel „Satan Goes To Church" und „Satan Says"; auch überhaupt nicht an Wert verliert „Ashes to Dust" oder „Metal Massacre". All diese Lieder sind in dem Album „Worship Me or Die!".

CELTIC FROST kann auch in die terror-metallische Welt miteinbezogen werden. Diese Gruppe läßt in ihrer Musik hochspannende Alpträume wiederentstehen so wie bei „Danse Macabre".

Und Sie, was meinen Sie dazu?

# 12. DIE MEDIZIN, UM DIE KRANK-HEIT „ROCKMUSIK" ZU HEILEN

In der ersten Auflage dieses Buches habe ich schon die geistige und musikalische Epidemie, diese Krankheit „Rockmusik", erwähnt und vor ihr gewarnt. Ich muß aber bekennen, daß ich es versäumt habe, dem Publikum die Medizin bekanntzugeben, um die „AIDS"-Krankheit der gegenwärtigen Musik zu kurieren. Diese so notwendige Medizin, die auf viele Arten von Krankheiten positiv wirkt, könnte für die einen die große klassische Musik sein, für die anderen vielleicht „der Klang des Neuen Zeitalters".

## Die neuen Klänge

Es liegt ein neuer Klang in der Luft, eine Musik für und von miteinander verschworenen Leuten, die man alle als „alternativ" bezeichnen könnte, die aber als artistisches Phänomen mit hoher Qualität diese Bezeichnung weit überschreiten.

In Ländern wie Brasilien, Argentinien, Spanien, den USA, Mexiko, England und Deutschland sind diese neuen Klänge schon intensiver zu hören. Die Aufnahmen, welche bereits in die Hunderte gehen, sind zwar nicht häufig in den Hitparaden zu hören. Sie sind auch nicht in den „guten Geschäften" der Schallplattenbranche zu finden, und die Künstler dieser Musik füllen üblicherweise nicht große Stadien mit ihren Shows.

Diese Musik lebt vor allem an den alternativen Plätzen. Sie färbt die Kultur der neuen Ära ein, welche als Mischkultur lebt und wächst.

Diese Musik wurde ursprünglich ohne einen bestimmten Zweck geschaffen. Aber sie wurde schließlich sehr intensiv bei Meditationsarbeiten benutzt, auch bei Selbsterfahrungsgruppen, beim Unterricht in bewußter Bewegung und einer Reihe anderer Aktivitäten, die auf die Wiedergeburt des Menschen als „Ganzheit" hinarbeiten.

Es ist wichtig, die Musik des Neuen Zeitalters nicht zu verwechseln mit derjenigen von Musikern, die mittel- oder unmittelbar auf andere Weise mit dem alternativen Leben in Verbindung stehen.

Wer glaubt, die alternative Musik sei etwas Homogenes, täuscht sich sehr. Sie entwickelt sich in verschiedenen Richtungen und Stilen, und die im Laufe der letzten Jahre entstandenen Arbeiten enthalten eine beträchtliche Menge von entsprechendem Material. Diese Arbeiten werden von kleinen Aufnahmefirmen oder durch den Musiker selbst als Produzenten auf den Markt gebracht. In vielen Fällen sind diese Werke in Form halb handwerklicher Produktionen zu bekommen. Das ist gut in Spanien, in den USA und in Deutschland zu beobachten, wo alternative Strukturen ziemlich rasch zunehmen. Dort spezialisieren sich manche Firmen auf die Verteilung und auf den Verkauf solcher unabhängigen Aufnahmen, was die Arbeit des Konsumenten erheblich erleichtert.

Eine der augenfälligsten Richtungen ist dabei zweifellos die der elektronischen Musik (besonders auf Synthesizer und/oder Klavier hergestellt). Manche Namen haben vor vielen anderen, die auf diesem Gebiet wirken, einen guten Klang.

*G. Cazenave* ist einer von ihnen dank seiner besonders gefärbten Musik von seltener Energie und Professionalität. Von all seinen Arbeiten dürfte „Musica zodiacal" (Tierkreismusik) für jede Diskothek des alternativen Klangs obligatorisch sein.

Von gleicher Bedeutung ist das Werk des Japaners *Kitaro,* der mit vielem Interesse vom europäischen und amerikanischen Publikum gehört wird. In meilenweitem Abstand von den durchschnittlichen Musikern, bei denen der Synthesizer der große Star ist, der die Aufnahme prägt, lebt Kitaro aus einer erstaunlichen melodischen Kreativität, z. B. in Liedern wie *Oasis* und *Silk Road,* die zu den empfehlenswertesten aus seinem großartigen Katalog zählen dürften.

*Steven Halpern* aus Kalifornien ist die bedeutendste Figur der, wie man heute sagt, psychoakustischen Entspannung. Er gehört auch zu denen, die die transzendentale Tastatur auf wirklich schöpferische Weise bedienen. Ihm ist eine der besten Arbeiten dieser Kategorie zu verdanken. Es ist die Langspielplatte *Spectrum Suite,* worin er die Beziehung zwischen den Farben des leuchtenden Spektrums und den Noten der Tonleiter erforscht. Halpern dehnte seinen Einfluß noch aus, als er einige Zeit später die heute schon klassische *Comfort Zone* auf den Markt brachte.

119

Positive Erfahrungen mit der Tastatur werden heute auch von Musikern wie *Geoffrey Chandler* (*Starscapes* ist der Titel seiner besten Arbeit) und *Jordan de La Sierra* (es lohnt sich, die neuen Wege kennenzulernen, auf die sein Klavier in *Gymnosphere: Song of the Rose* führt) dargestellt. Unter den Musikern, die nachdrücklich den Synthesizer betonen, aber auch andere Instrumente mitbenutzen, sind der Hervorhebung wert *Ojas* mit seinen Aufnahmen *Seven Levels of Man* und *Peter Michael Hamel* mit *Nada,* beides Werke von hohem Niveau.

Auch das Gebiet des ökologischen Klangs wird von einer Reihe New-Age-Musikern erforscht. Es wird grundsätzlich akustische Orchesterbesetzung benutzt. Aber trotz des scheinbaren Gegensatzes zur Technik der kosmischen Richtung weisen auch diese Arbeiten deutliche kosmische Akzente auf. Bald vibrieren sie in tiefer Entspannung, bald führen sie zur Freude des harmonischen Kontakts mit der Kraft der Natur. Beispiele sind Aufnahmen wie *Natural Rhythms* der amerikanischen Gruppe *„Ancient Future"*; *Light upon Light* des Paares *Do'a*; *Reflections* von *Laura Allen* (mit *Paul Horn* an der Flöte); *Tarashanti* von der phantastischen Harfenistin *Georgia Kelly*; *O'Cean* ist eine herzergreifende Erfahrung des *Flötisten Larkin,* der Meeresgeräusche als Background benutzt; oder die nicht weniger neuerungsfreudigen *Curves of Life* von *Dan Morehouse*. Sie alle machen uns deutlich, daß man die hohen Sternenklänge (zum Teil) auch hier auf der Erde erleben kann.

## Orient und Synthese

Die orientalischen Völker waren sich immer der geheimen Kraft der Musik bewußt, was heutzutage auch von den Instrumentalisten der neuen Musik erforscht wird. *Henry Wolf* und *Henry Jennings zum Beispiel untersuchen die ganze Feinheit und Magie der tibetanischen Glocken in ihren beiden Bänden Tibetan Bells.* Der chinesische Einfluß kennzeichnet *You are the Ocean* von *Schawkie Roth.* Die traditionelle Hindumusik dient als Quelle für mehrere Lieder von *East West Flute,* von Mitgliedern der *„Kripalu Yoga Fellowship"* aufgenommen. Und auch der Flötist *K. Gardiner* hat in Japan und Indien Ideen für seine perfekten *Moods and Rituals* eingesaugt.

* * *

Das wären einige Richtungen und Namen des alternativen Klangs. Dazu kommt ein Sektor, wo die mehr elektrischen Schöpfer wirken. Sie addieren die verschiedensten Einflüsse und fassen sie zusammen. Männer von der Bedeutung eines *Chaytania Hari Deuter* oder *Ariel Kalma* und die deutsche *Gruppe Popol Vuh* werden von manchen als Schlüsselfiguren für praktisch alle Musiker der neuen Ära angesehen.

Mit relativ ausführlichen Schallplattensammlungen und vielen klangvollen Bänden sind *Herzog* oder *Popol Vuh* hervorgetreten. Ihre besten Arbeiten sind in den letzten Jahren entstanden, wobei *Hosianna Mantra* und *Tantric Songs* besonders hervorzuheben sind. Bei diesen letzten Arbeiten werden Elemente der Ritualgesänge des tantrischen tibetanischen Buddhismus, der klassischen europäischen Musik und der modernen kosmischen Musik benutzt. Sie könnten wesentlich für das Verständnis des Entwicklungsweges der Musik der neuen Ära sein, welche erscheint, um uns von der Rockmusik zu heilen.

So deutlich spricht der Rock für den, der hören, sehen und verstehen kann.

# LITERATURHINWEISE

Allen interessierten Lesern, Jugendlichen, Eltern, Pädagogen, Musikfans, die während des Lesens den einen oder anderen Literaturhinweis vermißt haben, bzw. die sich zu diesem Thema noch genauer kundig machen wollen, sei hier eine Reihe interessanter Bücher und Aufsätze weiterempfohlen:

(zusammengestellt von D. Broomery)

Aquarius: Die Gefahren der Popmusik (in Aquarius 1–3/1979). Haarlem 1979

Baacke, D.: Beat – die sprachlose Opposition. München 1968

Bäumer, Ulrich: Wir wollen nur deine Seele. Wuppertal 1984

Böttger Arno, u. a.: Die Rolling Stones (Musik und Geschäft). Leipzig 1986

Brand, Horst: Die Legende von den „geheimen Verführern". Weinheim 1978

Buschmann, Michael: Rock im Rückwärtsgang. Asslar 1987

Denelow, Robin: The Beat Goes on (Popmusik und Politik – Geschichte einer Hoffnung). Reinbek 1991

Diamond, John: Der Körper lügt nicht (insbes. Kap. 9 „Die Musik in Ihrem Leben"). Freiburg 1991

Frederking, Klaus (Hrsg.): Sound und Vision (= Rock Session 8). Reinbek 1985

Galerie 70 (Hrsg.): Plattencover (Beiträge zur gesellschaftlichen Funktion von Rock-Musik am Beispiel ihrer Verpackung). Berlin 1977

Grössel, M.: Die Beat-Musik – Versuch einer Analyse (in: Neue Sammlung/Bd. 7/1967, S. 240–253)

Groh, Arnold: Rock im Zwielicht (in: Materialdienst der EZW 12/1986)

Hartwich-Wiechell, Dörte: Pop-Musik (Analysen und Interpretationen). Köln 1974

Heimann, Dierk: Backward Masking (Fluch oder Flop?). Ulm 1990

Hounsome, Terry: New Rock Record. London 1983

Humann, Klaus: Das Rowohlt Lesebuch der Rockmusik (insbes. Kap. 5: „Sex & Drugs & Rock and Roll"). Reinbek 1984

Kuhnke, Klaus, u. a.: Geschichte der Pop-Musik 1. Bremen 1976

Lindlar, H. (Hrsg.): Musikhandbuch Bd. 1: „Musiklehre und Musikleben". Reinbek 1973

ders. (Hrsg.): Musikhandbuch Bd. 2: „Lexikon der Komponisten & Interpreten". Reinbek 1973

Lingerman, Hal: Bewußt Musik hören. Frankfurt/M. 1991

Meier, K. v.: The Background and Beginnings of Rock and Roll (in: Art International, Vol. XIII, 8. Oct. 1969). New York

Pentagram: Das heutige Musikleben als Spiegel des Niederganges (in Pentagram 2–3/1988). Haarlem 1988

Peters, Dan, u. a.: Manipulation im Rückwärtsgang. Asslar 1988

Peyer, Emil: Kann Rockmusik gefährlich sein? Zürich 1986

Roxon, Lillian: Rock Encyclopedia. New York 1974

Schober, S.: Let it bleed – Die Rolling Stones in Altamont. München 1970

Schmidt-Joos, Siegfried (Hrsg.): Am Ende des Regenbogens (= Idole 6). Frankfurt/M. 1985

Scott, Cyril: Musik – ihr geheimer Einfluß durch die Jahrhunderte. 2. Aufl. München 1991

Seibold, Wolfgang: Klangtapete U-Musik (Jugend und ihr Musikkonsum). Fellbach 1974

Sinclair, Marianne: Wen die Götter lieben (Idole des 20. Jahrhunderts). Hamburg 1984

.

# Musik

(aus einem chinesischen Werk über Musik
von Lu Pu-Wei)

Der Ursprung der Musik liegt weit in der Vergangenheit. Sie entstand aus dem Takt und wurzelt in der großen Einheit. Die große Einheit erzeugt die zwei Pole; die zwei Pole erzeugen die Kraft des Lichtes und der Dunkelheit. Die vollkommene Musik hat ihre Ursache. Sie entsteht aus dem Gleichgewicht; das Gleichgewicht entsteht aus dem richtigen Verhalten gegenüber jedem und allem; das richtige Verhalten aus dem Sinn der Welt. Darum kann man nur mit dem über Musik sprechen, der den Sinn der Welt ergründet hat. Musik beruht auf der Harmonie zwischen Himmel und Erde, auf der Übereinstimmung zwischen Licht und Dunkelheit.

Den verfallenden Staatsformen und den für einen Untergang reif gewordenen Menschen mangelt es wahrlich nicht an Musik. Ihre Musik ist jedoch nicht rein. Darum: Je heftiger die Musik, desto melancholischer werden die Menschen, desto gefährdeter das Land, umso tiefer sinkt der Fürst. Auf diese Weise geht auch das Wesen der Musik verloren. Was alle heiligen Fürsten an der Musik schätzten, war ihre Serenität. Die Tyrannen Tsjieh und Zjou-Sin machten heftige Musik. Sie fanden harte Töne gut und massive Effekte interessant. Sie strebten nach neuen und außergewöhnlichen Klangeffekten, nach Tönen, die noch kein Ohr gehört. Sie versuchten einander zu übertrumpfen und kannten weder Maß noch Ziel.

Die Ursachen des Verfalls des Staates Tsjoe war, daß man die magische Musik erfand. Diese Musik ist außerordentlich heftig. Sie hat sich in Wahrheit vom Wesen der Musik distanziert. Da sie sich von der eigentlichen Musik entfernt hat, ist diese Musik nicht rein. Ist eine Musik nicht rein, dann wird das Volk unzufrieden und wird das Leben beschädigt. Das alles entsteht, wenn das Wesen der Musik nicht erkannt wird, sondern nur noch heftige Klangeffekte erstrebt werden. Die Musik einer unruhigen Zeit ist erregend und wütend und seine Regierung ist verkehrt.

# Hinweis

Ein besonders schönes und inhaltsreiches Buch über die verborgenen Einflüsse der Musik ist
CYRIL SCOTT: MUSIK – IHR GEHEIMER EIN-FLUSS DURCH DIE JAHRHUNDERTE.

Der Verlag hat es als Gegenpol zur Rockmusik herausge-bracht, um den Lesern, auch solchen, die sich „für unmusikalisch halten", eine neue Welt zu erschließen.